Angelika Dietrich, Angelika Röder

Cafés & Ateliers im Blauen Land

Besondere Menschen und Orte laden ein

AF150312

J. BERG

Inhalt

Einfach mal Pause machen: am Ufer des Staffelsees oder in einem der Cafés und Ateliers

Kochelsee

Begegnungen

Sie sollten ihre Fenster mit Blumen schmücken, hübsche Straßenschilder aufstellen und die Häuser hellblau, rosé- oder ockerfarben streichen, riet der Architekt Emanuel von Seidl vor über hundert Jahren den Murnauer Bürgerinnen und Bürgern. Das würde den Ort attraktiv machen und Sommerfrischler in die Marktgemeinde locken. Das Konzept ging auf – Murnau und das Blaue Land zogen nicht nur die Sommerfrischler an, sondern auch zahlreiche Künstler: etwa die Maler Franz Marc, August Macke, Wassily Kandinsky oder Gabriele Münter. Die Natur und die Landschaft inspirierten aber nicht nur damals: Auch heute leben hier noch zahlreiche Künstlerinnen und Künstler, vor allem viele Malerinnen und Maler – über sie könnte man ein eigenes Buch schreiben.

Streng genommen zählen zur Tourismusregion *Blaues Land* um und am Staffelsee nur die Orte Eglfing, Murnau, Schwaigen-Grafenaschau, Seehausen, Spatzenhausen und Uffing sowie Riegsee und östlich der A 95 Großweil und Ohlstadt. Wir aber richten den Blick auch rund um den Kochelsee: von Benediktbeuern über Kochel am See bis Schlehdorf. Die Künstlerinnen, Künstler und Cafés dort wollten wir Ihnen nicht vorenthalten, und diese Gegend ist genauso schön wie die rund um den Staffelsee und den Riegsee.

Die Auswahl zu treffen, war nicht leicht: Wir wollten junge und ältere Kreative vorstellen, Männer und Frauen, die mit unterschiedlichen Materialien arbeiten – mit Farbe, Holz, Metall, Papier, Stein, Stoff und Ton. Es sind unbekanntere Künstlerinnen und Künstler darunter, aber auch große Namen wie der Illustrator Reinhard Michl und der Maler Bernd Zimmer. Sie alle haben wir in ihren Ateliers und Arbeitsstätten besucht. Wir haben Menschen kennengelernt, die von ihrer Kunst leben, und solche, die nebenbei einen anderen Beruf ausüben.

Die Cafés sollten an hübschen Orten liegen und die Handschrift ihrer Betreiberinnen und Betreiber tragen: Da ist eines, das nur selbst gebackenes Brot, Brezen und Gebäck serviert, andere haben nur vegetarische Gerichte oder vegane Kuchen auf der Karte. Wir stellen Cafés vor, die von Kunst und Kultur umgeben oder Teil eines Ladenkonzepts sind. Einzige Ausnahme: Mehr Kiosk als Café ist die *Bucht 27* in Murnau – doch die Lage direkt am Staffelsee ist einmalig, und Kaffee und Kuchen gibt es hier auch. Alle Café-Betreibenden verrieten uns ein besonderes Rezept, das sie für ihre Gäste zubereiten.

Lassen Sie sich überraschen, und kommen Sie mit den Menschen ins Gespräch!

Ihre
Angelika Dietrich & Angelika Röder

Das Blaue Land lockte zahlreiche Künstler an: Skulptur beim Café *Franz am See*.

Staffelsee

Rebecca Nunn

Die Holzbildhauerin fertigt Porträts nach Fotos an

Engel sind ihre Wegbegleiter. Schon als Kind hat Rebecca Nunn gern Engel gemalt, später geschnitzt: auf einem Holzstück hockend, mit nachdenklichem Gesicht, mit Pulli und Hose, die Arme jubelnd erhoben – alle mit goldenen Flügeln. »Ich glaube sehr an Engel«, sagt die Holzbildhauerin. »Ich bin überzeugt, dass jeder einen Schutzengel hat und Engel uns begleiten.«

Wahrscheinlich war es auch Rebecca Nunns Schutzengel, der den Lauf ihres Lebens gelenkt hat: Ihre Kunstlehrerin empfahl ihr, sich an der Holzschnitzschule Garmisch zu bewerben. In ihre Mappe legte sie einiges hinein, was sie im Kunstunterricht angefertigt hatte: eine Specksteinfigur, einen bemalten Tontopf, Stillleben, Aktzeichnungen, Aquarelle. Fünf Bewerber bekamen einen Platz, darunter Rebecca Nunn: »Ich habe davor nie geschnitzt – das war echt fremd für mich. Aber es sollte wohl so sein.« Es waren drei harte Jahre an der Schule, mit einem strengen Lehrer. 2013 der Abschluss mit 20 Jahren, dann gleich der Schritt in die Selbstständigkeit: »Weil ich keinen Chef wollte, der mir sagt,

ob etwas gut ist oder nicht. Und weil ich in der Kunst kein Konkurrenzdenken mag, sondern gern für mich allein arbeite.«

Begonnen hat die Bad Kohlgruberin natürlich mit Engeln. Sie verkaufte sie auf Handwerkermärkten – bis wieder ein Engel in ihren Lebensweg eingriff: Eine Bekannte ihrer Mutter fragte, ob Rebecca Nunn sie nicht schnitzen könne, es sollte ein Geschenk werden. So fand die Holzbildhauerin ihre Nische – und offenbar eine Marktlücke. Aus weichem Lindenholz schnitzt sie die Porträts von Menschen und Tieren, als Vorlage nutzt sie Fotos. Das Holz kauft sie nicht beim Holzhändler, sondern rückt an, wenn irgendwo Lindenbäume gefällt werden. »Mir ist wichtig, dass es nicht in den Häcksler kommt, denn es ist wertvolles Holz.«

Die Lindenholzvorräte lagern in Regalen in ihrer Werkstatt – in einem ehemaligen Schwimmbecken. Denn das Haus war einst ein Hotel. Rebecca Nunn, ihre Eltern und Schwestern kauften das Gebäude mit seinen 25 Zimmern und bauten es zu einem Mehrgenerationenhaus um. Neben vier Wohnungen brachten

HOLZSCHÄTZE
Rebecca Nunn • Mühlstraße 1 • 82433 Bad Kohlgrub • Tel. 08845/7002
oder 0172/9362767 • www.holzschaetze.de • Instagram @holzschaetze
Termine nach Vereinbarung

Rebecca Nunns Tipp

Die Wellnesstage, Veranstaltungen und Events im *Haus Sebaldus*, das die Familie betreibt: Bei den Dinner-Lesungen etwa wird ein Drei-Gänge-Menü serviert. Der Vater, gelernter Koch, bereitet zusammen mit einer seiner Töchter Vorspeise und Hauptgericht zu, Rebecca Nunn ist für den Nachtisch zuständig.

sie dort auch ein Gesundheitszentrum unter, das vor allem ihre Mutter betreibt, eine Kaminstube, in der Veranstaltungen wie Dinner-Lesungen oder Konzerte stattfinden, einen Wintergarten, in dem Kurse wie Pilates oder Yoga angeboten werden, drei Ferienwohnungen und eben die Werkstatt: Das ehemalige Schwimmbad war perfekt dafür.

An den Wänden hängen die Werkzeuge. Mit einem groben Schnitzeisen und Klüpfel klopft die Bildhauerin die rohe Form heraus: Die Figur auf ihrer Werkbank lässt die Umrisse eines Rennradfahrers erkennen. Ist die grobe Form erkennbar, nimmt sie die Minischnitzeisen zur Hand und fängt mit der Feinarbeit an. Sie beginnt immer mit dem Gesicht und arbeitet sich von oben nach unten vor, ohne vorzuzeichnen. Neben ihr auf der Werkbank steht ihr Laptop, auf dem die Fotos ihrer Modelle aufscheinen: Nahaufnahme vom Gesicht, Ganzkörperfoto von Pose und Kleidung, Profilbild, damit sie sieht, wie weit die Nase vorsteht, der Mund nach hinten geht. Die Gesichter, findet sie, seien das Spannendste an jedem Menschen: »Mal sind die Wangen weiter vorn, mal weiter hinten.« Alte Gesichter, junge Gesichter. Die Nase spitz oder knubbelig, das Kinn weich oder kantig. Die Fitzelarbeit mag sie am liebsten: die feinen Gesichtszüge, die Speichen eines Rennrads, die Blüten eines Blumenstraußes.

Nach etwa drei, vier Tagen ist eine 15–20 Zentimeter große Figur fertig, dann folgt das

Bemalen. Mit Acrylfarbe, Wasserfarben, Aquarellfarben. Ganz dünn aufgetragen, nie deckend. »Ich will, dass das Holz durchkommt.« Bemalt werden bedeckte Körperstellen, Arme in kurzen Dirndlblusen, Beine in Shorts, Gesicht und Hände bleiben rohes Holz. Besonders aufwendig ist es, das filigrane Muster eines Dirndls zu malen: »Aber mir ist wichtig, dass auch hier die Details stimmen.« Ihre Arbeiten sind keine 1:1-Kopie wie aus dem 3D-Drucker, doch jeder, so sagt sie, habe sich bisher wiedererkannt. Und ein bisschen künstlerische Freiheit lassen ihr die Kunden auch: etwa, wo und wie sie die Stöcke der Skifahrerin platziert oder wie die Braut den Brautstrauß hält. »Dafür bin ich dankbar.«

Aus ganz Deutschland, Österreich, aus der Schweiz, sogar aus Luxemburg bekommt Rebecca Nunn Fotos der Menschen, die porträtiert werden sollen – derzeit muss man ein Jahr Wartezeit einplanen. Der Rennradfahrer soll ein Geschenk zum 30. Geburtstag sein. Das Brautpaar eine Erinnerung an die Hochzeit. Das Paar vor der Kirche St. Peter und Paul in Mittenwald ein Geschenk für das Paar, das oft seine Urlaube in dem Dorf verbrachte. Schöne Geschichten, aber auch traurige Schicksale erfährt die Bildhauerin da manchmal. Wenn Eltern ihr verstorbenes Kind porträtiert haben wollen, um es weiterhin um sich haben und anfassen zu können. Oder wenn ein Mann seine verstorbene Frau als Engel geschnitzt haben will. Da sind sie wieder, die Engel. Sie wachen über ihr Tun – genauso wie ihr Großvater, der ebenfalls als Holzfigur vom Regal herabblickt. Auch er ein passionierter Schnitzer und ein wichtiger Wegbegleiter.

Das Schwimmbad des Hauses machte Rebecca Nunn zu ihrem Atelier. Die Bildhauerin arbeitet am liebsten mit den Minischnitzeisen: Wenn es ans Herausarbeiten der Gesichtszüge geht, ist Feinarbeit angesagt. Ihre Figuren fertigt sie nach Fotos an.

Café Waldschlucht

Die Brüder Hahn wollen Träume wahr werden lassen

Daniel und Julian Hahn haben ein etwas ungewöhnliches Hobby: verlassene Häuser und Bauruinen anschauen und sich auszumalen und davon zu träumen, was man daraus machen könnte. Manches bleibt ein Traum, oft genug ist etwas Besonderes daraus entstanden. Zum Beispiel das Kultur-Restaurant *Alte Utting*. Daniel Hahn rettete den ausrangierten Dampfer *Utting*, der ab 1950 auf dem Ammersee schipperte, vor der Verschrottung. Kaufte ihn, ließ das 40 Meter lange Schiff auseinandersägen, nach München-Sendling transportieren und auf einer stillgelegten Bahnbrücke wieder aufstellen – ein Unterfangen, das vielen unmöglich erschien. Oder das Kultur- und Kreativquartier *Bahnwärter Thiel* auf dem Gelände der ehemaligen Großviehhalle München: Dort baute Daniel mit Freunden ausrangierte Tram- und U-Bahnwaggons und Frachtcontainer zu Bistro, Jugendtreffpunkt und Künstlerateliers um. Ein Bauwagen mitten im Westpark, am Ufer des Mollsees, ist das Herz des Cafés *Gans am Wasser*, ein verfallener Kiosk an der Pilgersheimerstraße wurde zum verwunschenen Hexenhäusl *Gans Woanders* mitten in der Stadt. Jede Location ist mehr als nur Restaurant oder nur Café. Es sind Oasen der Kleinkunst an einst verödeten Orten. »Unser Ziel ist es, mehr Platz für Träume, Kunst und Kultur zu schaffen«, sagen die Brüder Daniel (Jahrgang 1990) und Julian (zwei Jahre jünger).

Und dann hat Daniel das *Café Waldschlucht* entdeckt. Auf der Internetseite eines Immobilienportals. Ein Projekt in der Natur wollten die Brüder schon länger realisieren, irgendwo im Münchner Umland. »Der Mensch ist ja immer begeistert von dem, was er nicht hat. Und der Münchner hat wenig Natur«, findet Julian Hahn. Bad Kohlgrub also. Julian sagt, er habe anfangs nicht einmal gewusst, wo der Kurort liegt, als ihm sein Bruder von der Waldschlucht erzählte. Und er hat sofort »Nein« gesagt. In eine Schlucht runter zum Kaffeetrinken? Geht gar nicht. »In einer Schlucht gibt es keine Sonne. Die ist doch das Wichtigste in einem Café«, meint Julian Hahn. Doch als er dann hinablief in die Schlucht, dort wo der

---

CAFÉ WALDSCHLUCHT
Waldschluchtweg 135a • 82433 Bad Kohlgrub
info@waldschlucht.de • www.waldschlucht.de • Instagram @waldschlucht
Öffnungszeiten: Fr 17–23 Uhr, Sa 14–23 Uhr, So 12–18 Uhr (Achtung: Winterpause!)

Julian Hahns Tipps

Von Bad Kohlgrub zum Rantscher Weiher laufen. Dort hat man einen tollen Blick auf die Berge, besonders auf das Hörnle. Auf dem Weg nach unten kann man bis zum Staffelsee schauen. Es ist sehr friedlich und wunderschön dort. Auf dem Rückweg legt man dann gern einen Stopp im *Café Waldschlucht* ein. Wer länger unterwegs sein will: vom Rantscher Weiher weiter bis zum Staffelsee laufen oder radeln.

Schluchtbach entlang des Weges plätschert und ein Naturweiher in der Sonne funkelt, da war er hin und weg. Zwar ist der Naturweiher »superkalt, nur etwa 14 Grad warm«, aber zum Füßereinhängen und um den Karpfen zuzusehen, wie sie ihre Kreise ziehen, reicht es.

Etwa zehn Jahre stand das *Café Waldschlucht* da schon leer, aber die Geschichten, die sich um das Café ranken, sind nicht vergessen. Viele alte Bad Kohlgruber erzählten den Brüdern davon, wie sie im Naturweiher das Schwimmen gelernt haben, denn jahrzehntelang war der Teich das Freibad der Bad Kohlgruber. Die Gäste schwärmen von ihrer Hochzeit dort, es soll eine Freilichtbühne gegeben haben, auf dem gegenüberliegenden Hang zunächst, vom Café aus konnte man dem Bauerntheater lauschen. Das Café als Ort, an dem Menschen, Natur, Kultur und Genuss zusammenkamen – das hat die Brüder begeistert. Genau das ist auch ihr Ansatz. »Diesen Gedanken aus der Vergangenheit wollten wir in ein gegenwartsfähiges Konzept übertragen«, sagt Julian Hahn. Es wäre ja kein Projekt der Hahn-Brüder, wenn es bei einem schnöden Café bliebe.

Die Freilichtbühne ist wieder aufgebaut, für Musik und Kleinkunst, auch Bauerntheater soll künftig wieder auf der Bühne spielen. Es gibt Yogaangebote und ein Kinderprogramm,

Natur- und Kräuterwanderungen sollen von hier aus starten. Für Übernachtungsgäste sollen fünf Zimmer entstehen. Schließlich hat die Waldschlucht ja fast etwas von einer Berghütte, ein Ort, an den man nur zu Fuß hinkommt. Nur andersrum gedacht: Statt auf den Berg hinauf läuft man vom Sportplatz aus etwa 10–15 Minuten in die Schlucht hinunter.

Weil sich der Umbau länger hinzog als geplant – wegen faulender Holzbalken, freiliegender Kabel und Rohre und anderen Überraschungen –, eröffneten die Brüder vorübergehend einen Baustellenkiosk. Ausstaffiert im typischen Hahn-Look: mit Lichtern in den Bäumen und über dem Schwimmteich, die wie Glühwürmchen in der Nacht funkeln, mit Feuerstellen und Pflanzen in Tonkrügen. Mit Möbeln aus ihrem Fundus: von Haushaltsauflösungen, Speichern und selbst gebauten Paletten-Sesseln. Die jüngeren Gäste finden den Vintage-Stil hip, die älteren erinnert es an ihre Jugend, wenn 50, 60, 70 Jahre alte Leuchter, Teppiche oder Sofas das Café schmücken.

Überhaupt die älteren Gäste, die haben es Julian Hahn angetan: »Die haben mich schon immer berührt.« Er hat das Gefühl, ältere Menschen seien oft von der Gesellschaft vergessen oder einsam. Ein Café, findet er, ist eine Anlaufstelle für sie, ein Ort, wo sie unter Menschen kommen. Vielleicht ist er da sensibilisiert aus seiner Zeit, als er im Krankenhaus und als Rettungssanitäter gearbeitet hat. Er mag es, Menschen aus vielen Altersklassen zusammenzubringen. »Die gestalterische Interaktion mit verschiedenen Leuten« fasziniert ihn.

Als ihm sein Bruder zum ersten Mal von der Waldschlucht erzählte, sagte Julian Hahn erst mal »Nein«. Solange das Café umgebaut wird, gibt es Kaffee und Kuchen vorübergehend am Baustellenkiosk. Die Möbel sind zum Teil selbst gezimmert.

Eigentlich wollte er Medizin studieren, aber sein Notenschnitt reichte nicht für dieses Fach. Deshalb die Ausbildung zum Rettungssanitäter. Aber die war, wenn man es genau nimmt, schon das zweite Standbein. Da war Julian schon tief drin in der kreativen Unternehmerszene. Nämlich seit er 19 war. Damals, 2012, kaufte sein Bruder Daniel ein Zirkuszelt. Sie gründeten den Verein *Wannda*, kurz für ihr Motto: »Wenn nicht jetzt, wann dann?«. *Wannda* war der Anfang von allem – eine Plattform mit fliegenden Bauten für Künstler aller Branchen, die Brachflächen temporär bespielt und verschiedene Festivals auf die Beine stellt. Seither kam eine Location zur nächsten.

Julian und Daniel Hahn sind die Köpfe hinter der *Waldschlucht*, betrieben wird sie von Charlotte Höltzig, einer alten Schulfreundin von Julian und eigentlich studierte Literaturwissenschaftlerin, sowie dem Koch Micha Lan-

ge. Er setzt auf bayrisch-moderne Küche, auf Fermentation, Geräuchertes und Dehydriertes. Kuchen stehen natürlich auch auf der Karte – gehört sich ja so für ein Café. Und selbstverständlich auch Käsekuchen, schließlich schwärmen die alten Bad Kohlgruber noch heute vom Käsekuchen der früheren Wirtin Rosi.

Der *Waldschlucht*-Käsekuchen ist neben dem Schmandkuchen der einzige nicht-vegane Kuchen auf der Karte. Die Kuchenrezepte haben sie fürs *Café Lozzi* in der Münchner Pestalozzistraße entwickelt, auch so ein Projekt von Julian Hahn und seinen Partnern Florian und und Philipp Behringer. Fast alles ist dort vegan – eine Reminiszenz an *Wannda*. Schon damals setzten die Brüder auf Nachhaltigkeit, vor allem der jüngste der Brüder, Laurin Hahn, der inzwischen ein Solarmobil entwickelt hat: ein Elektroauto, das sich selbst über Sonnenenergie lädt. Aber das nur nebenbei. »Veganismus ermöglicht nachhaltiges Leben, und tierische Produkte sind mittlerweile einfach mit heimischen Produkten zu ersetzen«, erklärt Julian Hahn. »Das ist eine Lebensphilosophie, die wir auch unseren Gästen mitgeben wollen.« Zeigen, dass es eine Alternative gibt, ohne Abstriche machen zu müssen.

Ein veganer Kuchen ist für einen wie ihn keine Herausforderung. Da haben die Brüder schon anderes gemeistert: »Wenn was eingeschlafen und hoffnungslos scheint, ist es am spannendsten«, sagt Julian Hahn. »Und die Unterstützung am größten. Denn an einem Ort, wo alles stirbt, sind alle froh, wenn was Neues kommt.« Auf zur nächsten Bauruine!

Viele Geschichten ranken sich ums *Café Waldschlucht*: Die Bad Kohlgruber schwärmen vom Käsekuchen der früheren Wirtin Rosi oder von Theateraufführungen. Der Naturweiher war jahrelang das Freibad des Orts; viele lernten hier das Schwimmen.

Zucchini-Nuss-Kuchen

Julians Freundin buk ihm zu seinem 26. Geburtstag einen Zucchinikuchen. Den fand er so lecker, dass er das Rezept an seine Konditormeisterin Laura Bienek vom *Café Lozzi* weitergab, die es dann noch verfeinerte.

Zutaten

Für den Teig

375 g Zucchini
470 g Weizenmehl
30 g Kakao
275 g Zucker
275 g gemahlene
   Haselnüsse
20 g Backpulver
1 TL Zimt
½ TL Salz
175 g Schokodrops
275 g Rapsöl
275 g Haferdrink

Für die Glasur

100 g Soja Cuisine
150 g dunkle Schokolade

Zubereitung

Ofen auf 180 °C (Ober-/Unterhitze) vorheizen und eine Springform von 28 cm Durchmesser mit Backpapier auslegen, den Rand einfetten.

Zucchinis grob raspeln. In eine andere Schüssel alle trockenen Zutaten geben und gut vermischen. Dann Zucchini, Rapsöl und Haferdrink dazugeben und so lange verrühren, bis es eine glatte Masse ergibt. Den Teig in die Springform füllen und auf mittlerer Schiene etwa eine Stunde lang backen. Kuchen abkühlen lassen.

Für die Glasur die Soja Cuisine erhitzen und die Schokolade in kleinen Stückchen zugeben. Gut verrühren und den abgekühlten Kuchen damit bestreichen.

Bernd Zimmer

Der Maler erzählt in seinen Bildern vom Kreislauf der Welt

Wenn Bernd Zimmer sagt: »Ich brauche immer mal eine Veränderung«, dann glaubt man ihm das sofort. So viele Länder hat er bereist, fast alle Kontinente gesehen. Ist er zu lange an einem Ort, »dann wird meine Arbeit formal«. Dann ist es gut, wenn er aufbricht, in eines seiner anderen Ateliers in Italien oder Brandenburg oder hinaus in die Welt. Und wenn er dort mit eigenen Augen sieht, was er vermeintlich aus Büchern und Erzählungen zu kennen glaubt: »Es ist der Wunsch zu verifizieren, was man im Leben gelesen hat und was die Leute einem vorgaukeln.«

In Wirklichkeit ist alles anders – aber im positiven Sinn, so hat Bernd Zimmer erfahren. Und mit jedem Erleben wird seine Erzählung von der Welt um eine Facette reicher. Denn nicht das Malen und die Wünsche der Kunden und des Kunstmarkts stehen im Mittelpunkt seines Schaffens, sondern seine Erzählung von der Welt.

Dass Bernd Zimmer ein malender Welt-Erzähler wurde, ergab sich im Lauf seines Lebens. Zunächst sah es nach einem anderen Weg aus: 1948 in Planegg geboren, eine Lehre zum Verlagsbuchhändler beim Carl Hanser Verlag gemacht, dort als Grafikassistent gearbeitet, in eine Bremer Buchhandlung gewechselt, dann nach Berlin umgezogen, im Wagenbach Verlag als Buchgestalter gearbeitet und parallel ein Studium der Philosophie und Religionswissenschaften absolviert. Zwischendurch nach Marokko und Asien gereist, 1972 eine erste große Reise nach Südostasien: »Man muss sagen: Das war eine Expedition!« Inseln wie Koh Samui waren damals touristisch noch nicht erschlossen.

Zimmer, der Ruhelose, trug in sich den heimlichen Wunsch, ein »tagebuchartiger Schriftsteller der Beat-Generation« zu werden und seine Reiseerlebnisse in einem Roman zu verarbeiten. Aber das, so musste er erkennen, »gaben meine Konzentration und die schreiberischen Fähigkeiten nicht her«. Seine Kreativi-

BERND ZIMMER
Bahnhofstraße • 82386 Oberhausen
Tel. 08802/903 32 • www.berndzimmer.com • Instagram @atelierberndzimmer
STOA169 • an der B 472 • 82398 Polling
Tel. 08802/901 80 91 • www.stoa169.com • Instagram @stoa169
Öffnungszeiten STOA169: durchgehend geöffnet

Bernd Zimmers Tipp

In der *Klosterwirtschaft Polling*
einkehren.

tät musste er also anders ausleben. »Irgend-
was rumort permanent in einem, eine innere
Stimme, die man nicht auslöschen kann, die
einen umtreibt.«

Da traf es sich gut, dass er in Berlin eine
Wohnung in einem Kreuzberger Fabrikgebäude
bezog, wo der Maler Bernd Koberling ein Atelier hatte. In den einschlägigen Berliner Lokalen lernte er weitere Maler kennen, ging wieder
auf Reisen, Mexiko diesmal, und fasste am
Ende dieser Reise einen Plan: In Mexiko war er
mit den monumentalen Bildern der Muralisten
Diego Rivera, José Clemente Orozco und David
Alfaro Siqueiros in Berührung gekommen, »die
haben mich wahnsinnig fasziniert«. Er reiste
weiter nach Kalifornien, wo er in San Francisco
eine Ausstellung von Clyfford Still sah. Beides
ließ ihn nicht mehr los. Er setzte seinen Road-
trip Richtung New York fort, und an der Ein-
fahrt zum Death Valley wusste Zimmer: »Wenn
du zurückkommst nach Berlin, fängst du an zu
malen.« Seine Idee: diese Mischung, mexika-
nisch und abstrakt, dazu »das Ganze gegenständlich aufladen, das könnte zu einem guten
Resultat führen«. Seine malenden Freunde,
Karl Horst Hödicke und besonders Bernd Koberling, lehrten ihn das Handwerk: das Anrühren der Farben, das Aufspannen der Leinwände. »Aber die Geschichte muss man sich selbst
ausdenken.«

1977 gründete Zimmer mit seinen Künst-
lerfreunden, darunter auch die Maler Helmut
Middendorf und Salomé, die *Galerie am Moritz-
platz*, sein Geld verdiente er als Koch. »Wir

waren eine gute Mannschaft in der Berliner Zeit. Die Zeit war reif, dass etwas passiert.« In der Galerie zeigte die Mannschaft durchwegs eigene Werke. Er selbst stellte sein erstes Monumental-Bild aus: *Flut*, 3 x 10 Meter. »Damals hätte keiner gedacht, dass man in dem Format malen könnte.« Entstanden ist das Werk nach einer Reise an die baskisch-galizische Atlantikküste. Dieser Rhythmus würde fortan sein Schaffen begleiten: Reisen, und Wochen später das Gesehene in der Malerei verarbeiten. Dann, wenn sich das Essenzielle des Trips herauskristallisiert hatte: die Weite, die Größe, die Dimension, die Farbe.

Ende der 1970er-, Anfang der 1980er-Jahre, zu einer Zeit, »in der Europa und die USA diskutierten, ob Beuys und Warhol die größten derzeit lebenden Künstler der Welt wären«, so Zimmer, begann in Berlin, in Italien und in den USA eine Bewegung zu entstehen, die wieder Geschichten gegenständlich und mit Figuren erzählte. »Das war eigentlich ein Schritt zurück, aber unheimlich befruchtend für die Entwicklung der Malerei – und unser Durchbruch«, sagt Bernd Zimmer in seinem Atelier in Oberhausen. Er zeigte seine Gemälde in Paris, New York und Mailand – lange bevor er seine erste Ausstellung in Deutschland hatte. Heute hängen seine Werke in verschiedenen Museen weltweit und in Sammlungen von Banken oder dem Bundeskanzleramt.

1984 ließ er sich mit seiner Frau in Polling nieder: Das Blaue Land sollte es sein, am liebsten Murnau, weil ihm die Landschaft hier so gefiel. Schließlich sind Landschaft und Natur

Wenn Bernd Zimmer auf Reisen geht, verarbeitet er das Gesehene und Erlebte später in seinen großformatigen, farbintensiven Bildern. Landschaft und Natur sind sein zentrales Motiv, doch der Maler abstrahiert Bäume, Quellen und Wüsten.

zentral für Zimmers Werke: Keine exakten Abbildungen der Landschaft bringt er auf die Leinwand, eher Andeutungen von Natur, von Bäumen, einer spiegelnden Fläche, die an ein Gewässer erinnert. Eine verästelte Linie, eine Assoziation zu einem Ast. Das Motiv »Baum« zieht sich seit 1979 in verschiedenen Formen über seine Leinwände, erzählt von immer anderen Alterungszuständen. »Ich finde den Baum interessant, er hat etwas Majestätisches, Ansprechendes, mit dem man einen Dialog führen kann.«

Eine Reise nach Vietnam und Kambodscha, im Jahr 2011: Der Anblick der regenwaldgrünen Natur ließ ihn die grünen Farben verschwenderisch und in sattem Leuchten auf die Leinwände auftragen. Seine Bilder geben ihm die Möglichkeit zu erzählen: »Was bin ich in der Natur? Wie ist mein Verhältnis zur Natur?«

Der Boden des großen Ateliers ist bedeckt mit Farbflaschen, mit Tüten voll Pigmenten und Pinseln. An den Wänden lehnen großformatige Bilder in leuchtenden Farben. Mehrere vor- und hintereinander. Da ist das Gemälde, dessen Mitte an Sternenstaub erinnert. Unten am Bildrand eine Spiegelung, die an Wasser erinnert. Oder an eine Quelle. Die Quelle als Symbol für Reinheit und Ursprung des Lebens. Die Quelle, die in einen Wasserfall fließt, der wiederum irgendwann in einen See mündet. Die Quelle als Metapher für das Leben: »Leben fängt in Reinheit an, wie eine Quelle, dann wird man genährt«, philosophiert der Maler.

Seine Malerei ist für Zimmer Ausdruck des Nachdenkens über die Welt, den Kosmos. Und

Auch die Idee seiner STOA169, einer Säulenhalle, brachte Bernd Zimmer von einer Reise mit. Doch es sollte 30 Jahre dauern, bis aus der Idee Wirklichkeit wurde. Künstlerinnen und Künstler aus der ganzen Welt gestalteten die insgesamt 121 Säulen.

was sich so einfach anhört, ist ein komplexes Ganzes. Zu erzählen, wie alles mit allem zusammenhängt – das ist ein großes Vorhaben. Aber muss man nicht groß denken, wenn man viel erzählen will? »Ich erzähle, wie ich die Welt sehe. Ich erzähle aus verschiedenen Perspektiven, von unten, oben, schräg. Meine Wüstenbilder tun so, als berichteten sie von der Wüste. Wie schaffe ich es als Maler, eine vibrierende Wüstenlandschaft herzustellen?«

Zimmer reiste nicht mehr, um die Welt zu entdecken, sondern um sie zu verstehen. Nach Libyen und Syrien, er war in Karelien, im äußersten Norden Russlands, in der chilenischen Atacama-Wüste, ein Frachtschiff brachte ihn auf die Marquesas-Inseln in der Südsee. Von einer Reise nach Süd- und Ostindien, 1990, bringt er eine Idee mit. Eine große Idee, deren Umsetzung drei Jahrzehnte dauern soll: Als er dort in Chidambaram die gewaltigen Tempelanlagen sieht, mit vielen Hundert Säulen, alle

unterschiedlich gestaltet, durchzuckt ihn die Idee: So eine Halle müsste man gemeinsam mit den besten Künstlern der Welt gestalten. Mit tausend Künstlern. Ihr eigenes Säulen-Haus sollen sie bauen, mit einem gemeinsamen Dach. In Polling.

42 Jahre war Zimmer damals alt, bis zur Jahrtausendwende sollte die Halle stehen. Aber die Idee scheiterte vorerst, woran Visionen oft scheitern: am Geld. Erst im Jahr 2016 (Zimmer reiste ein zweites Mal nach Indien) beschloss er, dass diese Idee nun unbedingt umgesetzt werden müsse. Statt tausend Säulen sollten es 13 x 13 Säulen sein, 169 insgesamt. Immer noch eine stattliche Zahl, und vor allem eine ungerade: Denn bei ungeraden Zahlen in einer Reihe gibt es keinen zentralen Eingang, aber doch ein Zentrum in dem Ganzen. In diesem Fall eine verspiegelte Säule, die alles reflektiert: die Natur, den Himmel, die Bäume, die Künstler-Säulen. Den Menschen. Zimmer

gründete eine Stiftung, berief eine Jury zur Auswahl der Künstlerinnen und Künstler: Aus der
ganzen Welt sollten sie sein. Weltstars, die in
ihrer Kunstrichtung etwas erfunden hatten, das
stilbildend werden sollte: aus der Konzeptkunst,
aus Fotografie, Malerei, Bildhauerei. »Verdammt
schwer«, sagt Zimmer, sei es gewesen, in manchen Teilen der Welt die richtigen Künstler zu
finden. Wie entdeckt man einen Aborigine, der
vermutlich keine Webseite hat? Wie einen
Künstler auf einer Südseeinsel, der eine südsee-
typische Tiki-Säule anfertigen kann? Gelungen
ist es am Ende doch: mit viel Geduld, E-Mails und
Freunden und Bekannten vor Ort.

Jetzt steht die Halle, die STOA169. Am Ende
wurden es 11x11 Säulen, und Zimmer findet:
»Die Idee ist wunderbar umgesetzt. Nicht zu
groß, nicht zu klein und nicht zu monumental.
So ist es perfekt, und ich bin zufrieden.« Die
STOA169 ist für ihn ein Symbol für das friedliche Zusammenleben der ganzen Welt unter
einem Dach. Ein philosophischer Raum, der
zum Nachdenken anregt – so, wie die griechi-
schen Lehrgebäude mit ihren Säulen, die in der
Antike Stoa genannt wurden und meist mitten
in der Stadt lagen.

Und natürlich hat Bernd Zimmer auch
selbst eine Säule gestaltet: eine Stahlsäule, bemalt mit dem Bild des Kosmos. Wer am Seil
zieht, das aus der Säule baumelt, erzeugt ein
Glockengeläut. »Damit«, sagt Zimmer, »holt
man die guten Geister aus dem Kosmos.« So
kommt in Polling nicht nur die Welt zusammen, sondern auch das ganze Universum. Das
muss man erst mal schaffen.

Zum Künstler wurde Bernd Zimmer nach einem Umweg: Zunächst lernte er Verlagsbuchhändler, erst danach wurden Farben und Pigmente sein Lebensinhalt. Manchmal braucht er
Abwechslung von seinem Atelier in Oberhausen: Dann zieht es ihn in die Welt.

Café Hausen

Nicole und Thomas Staltmeier servieren ausschließlich selbst gebackenes Brot und Gebäck

Begonnen hat alles – ja, womit eigentlich? Mit der Backmittelunverträglichkeit von Nicole Staltmeier? Mit dem Bau des Holzofens daheim auf der Terrasse? Oder schon Jahre zuvor, als Staltmeiers ein Wochenende lang die Bäckerei von Thomas Staltmeiers Chef schmissen? Da dachte Nicole Staltmeier: »Ja, das ist genau meins!« Ihr Mann hätte sich vorstellen können, die Bäckerei in Bad Bayersoien zu übernehmen, aber beide waren noch zu jung, ihr Mann gerade bei der Bundeswehr.

Also arbeitete die gelernte Automobilkauffrau weiterhin in einem Autohaus in Wolfratshausen – bis sie Brot, Semmeln und Kuchen immer schlechter vertrug, Bauchschmerzen bekam, die Ärzte auf Allergien oder Glutenunverträglichkeit tippten. Ihr Mann, der inzwischen als Baggerfahrer arbeitete, baute daheim in Huglfing auf der Terrasse einen Holzofen. Das war 2016. Er buk Brot aus Weizen- und Dinkelmehl, Semmeln, Laugenstangen. All diese Backwaren vertrug seine Frau.

Vermutlich, so sagt sie heute, weil das Mehl der *Off-Mühle*, das sie verwenden, ohne Stabilisatoren auskommt. Denn diese sind in den meisten herkömmlichen Mehlen enthalten und nicht kennzeichnungspflichtig.

Die Sache mit dem Holzofenbrot sprach sich rum in Huglfing, immer mehr Freunde, Bekannte, Nachbarn bestellten Brot. Staltmeiers meldeten ein Kleingewerbe an und bauten im Keller einen Backraum ein, mit großer Knet- und Ausrollmaschine. Bis Freitagmittag nimmt das Ehepaar Bestellungen an, Freitagnacht um 23 Uhr schmeißt Thomas Staltmeier den Holzofen an, um zwei Uhr früh beginnt er zu backen: Bauernbrot, Sonnenblumenkernbrot, Roggenbrot, Apfel-Karotten-Brot, Dinkel-Joghurt-Brot. Kleingebäck, Brezen, Semmeln. Am Samstagfrüh können *Stalty's Holzofenschmankerl* abgeholt werden. Nicole Staltmeier sagt: »Ich mag es, wenn man selbst was macht und andere es gutheißen. Das ist das Schönste.« So war es wohl nur eine Frage der Zeit, bis sie ihr eigenes Café eröffnen würde.

CAFÉ HAUSEN
Schulstraße 1 • 82386 Oberhausen
Tel. 08802/9132639 • www.cafehausen.de • Instagram @cafe_hausen
Öffnungszeiten: Do–Sa 9–17 Uhr, So 9.30–17 Uhr

In der Autohausniederlassung war immer mehr outgesourct worden, es wurden keine Fahrzeuge mehr verkauft, nur die Werkstätte blieb. Nicole Staltmeier, die sich an das Gesicht jedes Kunden, jeder Kundin erinnern kann, fehlte die persönliche Begegnung. Als die Gemeinde Oberhausen die Räume im Erdgeschoss des Rathauses zur gastronomischen Nutzung ausschrieb, bewarb sie sich. Bis zur Eröffnung im November 2021 (es war Coronapandemie, und die Umbauten zogen sich) buk sie jeden Tag einen anderen Kuchen, suchte im Internet nach Rezepten, ihr Mann steuerte einige von seinem alten Lehrherrn bei. Staltmeier ging auswärts frühstücken, fragte, welchen Kaffee sie da trank, mit welcher Milch der Cappuccino gemacht sei.

Überzeugt hat sie die Gemeinde mit ihrem Konzept: alles selbst gebacken, vom Sauerteigbrot für den Strammen Max bis zum Toastbrot, den Semmeln und den Croissants fürs Frühstück und die Kuchen sowieso: Gedeckter Apfelkuchen, Himbeerschmand, Käsekuchen, Kirschstreusel. Am Sonntag stehen zehn verschiedene Kuchen in der Theke und immer etwas Sahniges: Bienenstich oder Flockensahnetorte im Wechsel. Aus vier verschiedenen Böden besteht die Flockensahne: Mürbeteig, Biskuit, Brandteig, oben Streuselbrandteig, dazwischen Sahne und Kirschen.

Zweite Säule des Konzepts sind die Zutaten aus der Region: Wurstwaren von der *Landmetzgerei Schneider* nebenan, Käse aus der *Schaukäserei Ammergauer Alpen* in Ettal, Eier von der Familie Schödlbauer in Oberhausen,

Die Liebe steckt im Detail: Jede Semmel, jede Breze ist selbst geformt, in der Kuchenvitrine steht immer etwas Sahniges. Regional und selbst gemacht gilt auch für die Möbel: Tische und Stühle wurden in Huglfing und Spatzenhausen geschreinert.

Honig aus Huglfing, die Marmelade selbst eingekocht, das Eis aus der *Bio-Hof-Eiswerkstatt Eschenlohe*, Kaffee von der *Dinzler Kaffeerösterei*. Dort hat auch das ganze Team einen Baristakurs gemacht: Sie lernten, wie man die Siebträgermaschine bedient, Herzchen in den Milchschaum zaubert. Da ist Nicole Staltmeier fast verzweifelt: Als einzige Linkshänderin musste sie alle Handgriffe spiegelbildlich ausführen, das Milchschäumen, das Einsetzen des Siebträgers, nichts klappte auf Anhieb: »Da dachte ich kurz, ich lass es sein, das lern ich nie.«

Sie hat es gelernt und genießt jetzt das, was ihr im Autohaus am Ende so gefehlt hat: Kunden um sich. »Ich kenne alle Leute. Ich weiß, wer ein Frühaufsteher und wer ein später Vogel ist, wer gern ein bissl ratscht.« Die Backwaren aus dem Holzofen kann man immer noch vorbestellen und in Huglfing abholen, ab 9 Uhr dann im Café in Oberhausen. Staltmeiers backen nur die vorbestellten Mengen und das, was sie im Café brauchen: »Das ist vielleicht eine etwas altertümliche Herangehensweise, aber wir produzieren nur, was gebraucht wird. Lebensmittel sind zu kostbar, um sie wegzuwerfen.«

Aus der Region stammt auch die Innenausstattung für die 28 Plätze im Café: Die Eichenholztische mit eingelegter Ahornplatte wurden in Huglfing geschreinert, die passenden Stühle in Spatzenhausen, die Tischdeko kommt aus Polling vom *Staunguggal*. Die Rückwand ist bordeauxrot gestrichen, das Rot wiederholt sich in den Servietten, in den Fleece-Decken draußen und im Logo. Denn eine Freundin hat ihr mal erzählt, dass ihr Chef immer gesagt habe: »In die Gastronomie gehört Rot. Das fördert den Appetit.« Ob es stimmt? Nicole Staltmeier wird es herausfinden.

Nicole Staltmeiers Tipp
Im Oberhauser Badeweiher schwimmen, direkt am Sportplatz, neben dem Hungerbach.

Gedeckter Apfelkuchen mit Knusperdecke

Lieblingskuchen der beiden Söhne und auch bei den Gästen sehr beliebt

Zutaten

Für die Apfelfüllung

5–6 große Äpfel
750 ml Apfelsaft
2 EL Zucker
1 Pck. Vanillepuddingpulver
1 geh. EL Speisestärke
1 kleine Handvoll Rosinen

Für den Teig

450 g Mehl
150 g Zucker
2 Prisen Salz
300 g Butter
5 g Backpulver

Für die Knusperdecke

1 EL Zucker
Zimt

Zubereitung

Zuerst die Apfelfüllung vorbereiten: Die Äpfel schälen, vierteln, vom Gehäuse befreien und in kleine Würfel schneiden. 650 ml Apfelsaft zusammen mit dem Zucker in einem Topf zum Kochen bringen. Die Apfelwürfel zugeben und einige Minuten auf der heißen Herdplatte stehen lassen – die Apfelwürfel sollen nur ein wenig weich werden, nicht zerfallen!

In der Zwischenzeit die restlichen 100 ml Apfelsaft mit Puddingpulver und Speisestärke verquirlen. Die Masse zusammen mit den Rosinen in den Topf zu den Apfelwürfeln geben, umrühren und einmal aufwallen lassen, bis die Masse angedickt ist. Auskühlen lassen.

Eine runde Springform (26 cm Durchmesser) fetten. Den Backofen auf 180 °C (Umluft) vorheizen.

Für den Mürbeteig alle Zutaten rasch miteinander verkneten. Etwas mehr als die Hälfte des Teigs zwischen zwei Bögen Backpapier ausrollen. Dann die Kuchenform komplett mit dem Mürbeteig auslegen, den Teig an den Rändern hochziehen. Den restlichen Teig auf einem Backpapier auf die Größe der Backform ausrollen und beiseitelegen.

Nun die Apfelfüllung auf dem Mürbeteig verteilen. Dann die beiseitegelegte Mürbeteigplatte mit Hilfe des Backpapiers auf die Füllung stürzen, sodass der Teig die Apfelfüllung bedeckt. Das Backpapier abziehen. Alternativ kann die Teigplatte (ohne Backpapier) auch auf ein Nudelholz aufgerollt und dann über dem Kuchen wieder entrollt werden. Den Deckel am Rand etwas an den unteren Mürbeteig drücken. Die Oberfläche mit einem spitzen Messer mehrmals einstechen.

Kuchen 20 Minuten auf der untersten Schiene backen.

Dann den Apfelkuchen aus dem Ofen nehmen, mit Zucker und etwas Zimt bestreuen und weitere 20–25 Minuten backen.

Café hey Schaffner

Margot Asam und Alexandra Thieler haben ein Faible für Secondhand

Als Alexandra Thieler und Margot Asam zur Gemeinderatssitzung gingen, um ihr Café-Konzept für das leer stehende Bahnhofsgebäude zu präsentieren, setzten sie sich auf die gepolsterten Stühle um den großen Tisch – und ernteten befremdliche Blicke: Schließlich waren das die festen Plätze der Ratsmitglieder, für Besucher waren die Stühle an der Wand vorgesehen. Doch trotz dieser Panne haben die beiden die Räte am Ende von ihrer Idee überzeugt und bekamen den Zuschlag, im ehemaligen Wartesaal und in der Schalterhalle des Huglfinger Bahnhofs ein Café einzurichten: mit wechselnden Ausstellungen von Künstlern aus der Region und selbst gebackenem Kuchen. Das war 2011.

Der Zufall hatte die beiden Frauen zusammengebracht: Beide wurden Nachbarinnen, als sie 2008 nach Huglfing zogen. Beide hatten zuvor in anderen Berufen gearbeitet – und Café-Erfahrung: Margot Asam ist gelernte Erzieherin, jobbte aber nach der Elternzeit in einem Hohenpeißenberger Café. Alexandra Thieler ist Redakteurin. Sie lebte ein Jahr lang in der Schweiz, dann zwei Jahre in Brasilien, bevor sie 2005 mit ihrer Familie wieder nach München zurückkehrte. »Ich dachte, es muss hier doch ein Café geben, wo ich mich mit kleinen Kindern wohlfühle, mit Krabbeldecke und Spielecke, und wo ich mich unterhalten kann.« Rauchfrei sollte das Café außerdem sein – das Nichtraucherschutzgesetz trat in den meisten Bundesländern erst 2008 in Kraft. Weil sie kein solches Café fand, eröffnete Alexandra Thieler 2006 im Münchner Glockenbachviertel gegenüber eines Spielplatzes das *Café Freistunde*.

Ideale Voraussetzungen also für ein gemeinsames Café. Im grünen Raum, wie beide den ehemaligen Wartesalon wegen seiner grünen Wände nennen, steht noch die alte Wartebank, Bretter sind als Rückenlehne an die Wand geschraubt. Die meisten Tische sammelte Margot Asam bei Freunden, Familie und Hofauflösungen zusammen, die buntgemusterten Sitzkissen ließen sie in der Behindertenwerkstätte der Diakonie Herzogsägmühle anfertigen. In den dortigen Secondhand-Läden kauft Margot Asam schon lange ein. Auch das

CAFÉ HEY SCHAFFNER
Weilheimer Straße 30 • 82386 Huglfing
Tel. 08802/913 88 11 • www.cafe-heyschaffner.de
Öffnungszeiten: Fr–So 13–18 Uhr, im Sommer freitags bis 23 Uhr

hey Schaffners Tipp

Die Säulenhalle STOA169 in Polling besuchen (s. ab S. 20) – von Huglfing sind es mit dem Rad etwa 5 km.

meiste Geschirr stammt von da. Als die Café-besucherinnen das bunt gemixte Geschirr sahen, fragten viele, ob sie Geschirr von Wohnungsauflösungen vorbeibringen dürften. Inzwischen haben sich so viele Teller, Milchkännchen und Zuckerdosen angesammelt, dass es einen Aufnahmestopp gibt.

Über dem Regal mit den Tellern hängt eine Tafel mit der Aufschrift »caffé sospeso«. Diese Tradition des »aufgeschobenen Kaffees« kennt Alexandra Thieler aus Neapel: Wer mag, bezahlt einen Kaffee (oder Kuchen) für jene, denen es nicht so gut geht.

Etwa 15–20 Kuchen haben die Freundinnen im Sortiment: Apfelkuchen und Kirschstreusel, Bienenstich, Eierlikör- und Nusstorte, je nach Saison Erdbeer-, Zwetschgen- oder Rhabarberkuchen. »Mama-Kuchen«, sagt Margot Asam, »wie man sie von zu Hause kennt.« Alle aus Dinkelmehl. Auch ein veganer Kuchen steht täglich in der Vitrine. Das Konzept mit den selbst gemachten Kuchen finden sie im Nachhinein ziemlich gewagt, schließlich sei man auf dem Dorf, und da backt man generell selbst. So viel wie möglich kaufen sie in der Region: Brot und Mehl beziehen sie von *Uli's Backstub'n* in Peißenberg, die Eier vom *Bicklhof* in Peiting, Getränke von der *Brauerei Karg* in Murnau.

Und dann kam Corona. Seither ist manches anders: Das Café hat kürzere Öffnungszeiten, weil nicht alle Angestellten geblieben sind. Im zweiten Gastraum bauten sie die Bühne ab, weil es phasenweise keine Veranstaltungen mehr geben durfte. Dafür bekam die Kleiderstange, auf der die beiden Frauen schon jahrelang Secondhand-Kleider anboten, Zuwachs: Jetzt ist dort ein ganzer Secondhand-Raum

entstanden. Auch die beiden Cafébetreiberin-
nen haben in den Wochen des Lockdowns aus-
gemistet. Und sie haben Hefe bestellt, riesige
Mengen, so viel, dass sie merkten, die würden
sie in zehn Jahren nicht verbacken können.
Deshalb backen sie die Brötchen für ihre Panini inzwischen selbst. Belegt mit Tomate, Moz-
zarella, Ziegenkäse oder Feigen. Und seit der
Pandemie kann man bei ihnen auch Kuchen
ordern und nach Hause liefern lassen.

Was unverändert blieb: Während der Som-
mermonate wird der Cafégarten am Freitagabend zum Biergarten, dann stehen Panini,
Toast und Suppe auf der Karte, dazu im Wechsel Bruschetta, Obazda, Antipasti, Wurstsalat.
Und es gibt Musik. Schließlich hat die dem Café
seinen Namen gegeben. Ewig, erzählen die beiden, hätten sie überlegt, wie es heißen soll. Alle
möglichen Varianten und Wortspiele mit
»Gleis« ausprobiert und verworfen. Irgendwann sagte Alexandra Thielers Mann: »Hey
Schaffner klingt doch gut.« »Hey Schaffner«,
muss man wissen, ist ein uraltes Lied des Huglfinger Blues-Gitarristen Williams Wetsox. Und
Wetsox, muss man wissen, ist der Mann von
Margot Asam – mittlerweile ihr Exmann. Im
Sommer tritt Wetsox fast jeden Freitagabend
im Biergarten auf, und am Schluss gibt's immer diesen Song: »Hey Schaffner – wann geht
der nächste Zug nach Huglfing?«

Irgendwer wartet immer auf den Zug.
Schüler, Pendler, Touristen. Sie nehmen dann
oft auf den Stühlen und auf dem Sofa im Cafégarten Platz. Klar dürfen sie hier sitzen, im
hey Schaffner sind sie da nicht so.

Schön nachhaltig: Möbel und Geschirr für das Café stammen von Hofauflösungen,
Freunden und aus Secondhand-Läden. Konsequent also, dass es im *hey Schaffner* ebenfalls
eine Secondhand-Ecke gibt. In der Coronapandemie ist diese noch gewachsen.

Zwetschgenstreusel

Während der Zwetschgensaison steht dieser Kuchen in der Vitrine. Das Rezept brachte eine Angestellte mit.

Zutaten

Für den Kuchen

100 g Butter
100 g Zucker
1 Pck. Vanillezucker
1 Ei
180 g Dinkelmehl
1 TL Backpulver
ca. 30 Zwetschgen

Für die Streusel

150 g Butter
150 g Zucker
150 g Mehl

Zubereitung

Butter, Zucker, Vanillezucker, Ei, Mehl und Backpulver vermischen und zu einem Mürbeteig verkneten.

Eine Springform (26 cm Durchmesser) einfetten oder mit Backpapier auslegen. Den gesamten Teig auf dem Springformboden verteilen.

Die Zwetschgen waschen, entsteinen und den Teigboden damit belegen.

Den Backofen auf 180 °C (Ober-/Unterhitze) vorheizen.

Butter, Zucker und Mehl für die Streusel verkneten und diese gleichmäßig über den Zwetschgen verteilen.

Auf der mittleren Schiene etwa 40 Minuten backen.

Reinhard Michl

Der Zeichner und Illustrator hat sein Skizzenbuch immer mit dabei

Wenn Reinhard Michl ein Bilderbuch illustriert, dann wird er zum Regisseur. Er überlegt sich, wer seine Hauptdarsteller sind, wo die Handlung spielt, wie die Dramaturgie sein soll – so, »dass bei jedem Umblättern etwas passiert« – und wie sich diese Dramaturgie mit dem Layout vereinen lässt: »Schließlich darf man nicht gleich in der ersten Szene den ganzen Plot verraten«, sagt Michl. Mit Bleistift oder Kugelschreiber zeichnet er erste Skizzen, probiert, wie Fuchs, Hase, Bär aussehen könnten. Später malt er die Szenen mit Aquarellfarben und Buntstiften.

Dutzende Pinsel stehen in bauchigen Gläsern und Krügen auf dem Fensterbrett hinter seinem Schreibtisch, Skizzen liegen auf dem Boden. Auf dem Arbeitstisch einige Illustrationen für Hugh Loftigs Buch *Doktor Dolittle und seine Tiere*, Michls aktueller Auftrag. Auf dem Boden neben einer Staffelei ein Aquarell: Ein Fabeltier heult den Vollmond an. Und links, neben dem Eingang, auf einem Stehpult das Bilderbuch *Der Findefuchs* auf Englisch und Spanisch, Bilderbücher auf Chinesisch, Russisch, Slowenisch und Türkisch. Mehr als hundert Geschichten hat er mittlerweile illustriert, in über dreißig Sprachen wurden sie übersetzt.

Dabei schlug Michl, Jahrgang 1948, zunächst einen anderen Weg ein: Er machte nach der Volksschule eine Lehre als Schriftsetzer. Denn wenn es an die Berufswahl geht, warnen Erwachsene Kinder und Jugendliche oft davor, ihr Geld mit Malerei, Musik oder Schreiben verdienen zu wollen. Es fallen Sätze wie: »Das ist doch eine brotlose Kunst.« Bei Reinhard Michl war es nicht anders – dabei war er in der Schule stets der beste Zeichner. Es kam vor, dass die Arbeiten der ganzen Klasse an der Wand hingen – doch ein Drittel der Bilder stammte aus der Feder des Schülers Reinhard. »Und der Lehrer hat es nicht gemerkt«, freut er sich noch heute.

Wann immer er Zeit hatte oder das Wetter schlecht war, zeichnete Reinhard Michl daheim »mit großem Vergnügen. Ich habe stapelweise Papier verbraucht.« War das Wetter gut, trieb er sich mit Freunden draußen an der Altmühl herum. Auwälder und Altwasser wie ein Dschungel, in der Mitte des Flusses eine Insel,

REINHARD MICHL

Antlashalden 1 • 82449 Uffing • www.reinhard-michl.de
Termine nach Vereinbarung

Reinhard Michls Tipps

Ein Spaziergang nach Schöffau.
Oder im Sommer ins Strandbad Uffing
gehen, das Bärtlbad neben dem
Restaurant *Alpenblick* – Michls Sommer-
Lieblingsplatz.

schilfbewachsen. Sie fühlten sich wie Abenteurer, wie Tom Sawyer und Huckleberry Finn. Man lernte dort schwimmen, rauchte heimlich und baute Lager. »Da konnte man dem moralisierenden Erziehungsstil der 1950er-Jahre entrinnen«, erzählt Reinhard Michl. »Das hat man nur ausgehalten, wenn man an der Altmühl saß, Zigarette geraucht und ein Kartoffelfeuer gemacht hat.« Auch wenn's daheim dann manchmal Stunk gab, wenn der Vater den Rauch roch.

Die Lehre als Schriftsetzer also. »Doch in mir war ein Teil, der die Sehnsucht nach einem künstlerischen Beruf nie aufgegeben hat«, erzählt Michl. Er besuchte in Regensburg eine Berufsaufbauschule, ging dann nach München und studierte an der Fachhochschule für Grafik-Design und später an der Akademie der Bildenden Künste. Zwar konnte er sich jetzt den ganzen Tag mit Kunst beschäftigen und diese dann als Kunsterzieher zu seinem Beruf machen, aber so ganz war es nicht das, was er wollte: »Scheine machen in Keramik oder Glasfenster, dazu hatte ich keine Lust.« Da ging er lieber zum Aktzeichnen. Zeit hatte er auch keine, denn es ergaben sich während des Studiums schon erste Aufträge, Bücher zu illustrieren: Das erste war *Das Knie aus der Wand*, Gespenstergeschichten von Josef Guggenmos.

1977 reiste Reinhard Michl für ein halbes Jahr nach Dublin, traf dort Musiker und erlebte, dass es Menschen gab, die das Leben viel entspannter angingen als viele Deutsche und »viel lässiger in den Tag lebten, als ich es von zu Hause kannte«. Zurück in München beschloss er, fortan die Freie Malklasse von Professor Rudi Tröger an der Akademie zu besuchen. Und er setzte ganz auf die Illustration. Denn »es hat sich herausgestellt, dass man daraus einen Beruf machen kann«. Er wollte sich einen Namen machen, so wie seine Vorbilder Maurice Sendak oder Reiner Zimnik: »Aber das geht nicht nebenbei, das muss man mit aller Energie und voller Konzentration machen.«

Als er 1980 sein Studium an der Akademie beendete, hatte er bereits fünf Bücher illustriert. Es folgten Aufträge für den *Findefuchs* von Irina Korschunow, für Michael Endes *Jim Knopf*, und er lernte Tilde Michels kennen: Auch von ihr sollte Reinhard Michl ein Manuskript illustrieren. Bei seinem Besuch zog sie aus der Schublade einen Text und las ihn vor. Michl hatte sein Skizzenbuch auf dem Schoß, skizzierte, was ihm durch den Kopf ging, und sagte spontan, diese Geschichte gefalle ihm viel besser als jene, wegen der er bei ihr war. Es waren die Zeilen von *Es klopft bei Wanja in der Nacht*: In einer stürmischen Winternacht klopfen Hase, Fuchs und Bär bei Wanja an und suchen Unterschlupf; friedlich verbringen die Fressfeinde alsdann die Nacht unter einem Dach. Das Bilderbuch wurde einer der größten Erfolge von Michels und Michl.

Häufig sind es die Tiere, die seine Bilderbücher bevölkern. »Viele Geschichten lassen sich mit Tieren einfacher und viel deutlicher

Ein Bilderbuch folgt einer klaren Dramaturgie: Auf jeder Seite eine neue Szene. Protagonisten sind meist Tiere, viele Geschichten lassen sich so besser erzählen. Reinhard Michl gibt den Tieren die Mimik eines Menschen, nur bei Vögeln ist das schwierig.

erzählen. Es sind ja nur vordergründig Tiere: Es sind Fabeln, die Tiere handeln wie Menschen«, erklärt Michl. Eine Geschichte wie der *Findefuchs*, in der eine Fuchsmutter ein verlassenes Junges an Kindes statt annimmt, funktioniert mit Menschen nicht: »Da kommt man schnell in schwieriges Gelände, das kann man keinem Kind erklären.«

Schon als Kind fand Michl Tiere faszinierend: Sie zu beobachten, war geheimnisvoll und rätselhaft. Und in den Büchern lebten sie an spannenderen Orten als die Menschen: im Wald, im Fluss. Solange ein Tier ein Gesicht hat und Augen, Nase, Schnauze oder Mund, kann er ihm die Mimik eines Menschen ins Gesicht malen. »Vögeln mit ihrem spitzen Schnabel eine Physiognomie zu geben, die was ausdrückt, ist viel schwieriger.«

Tausende Gesichter hat Michl über die Jahre gezeichnet, sein Skizzenbuch hat er immer dabei: wenn er im Biergarten sitzt, in der Kneipe, in Griechenland am Strand. Mehr als 150 Bände füllen seine Regale. Die Menschen, Gesichter, Szenen sind eine Reise durch sein Leben, ein gezeichnetes Erinnerungsbuch. »So kommt man zu Motiven, die man so daheim am Tisch nicht hätte.« Und er bleibt in Übung: »Man braucht für das Illustrieren von Literatur zeichnerische Elastizität. Das Skizzenbuch ist da sehr wertvoll.«

Derzeit stellt er ein Skizzenbuch zusammen mit Szenen und Porträts aus den Jahren 1975–2022. Er blättert darin herum: Da ist ein Porträt des Bad Reichenhaller Arztes und Musikers Georg Ringsgwandl, da ein Mann im

Mehr als 100 Geschichten hat Michl inzwischen illustriert, die Bilderbücher wurden in über 30 Sprachen übersetzt. Am bekanntesten sind *Der Findefuchs* und *Es klopft bei Wanja in der Nacht*. Erste Aufträge bekam er bereits als Student.

Wirtshaus mit Bierglas in der Hand. Irgendwo finden sich bestimmt auch die Well-Brüder, besser bekannt als *Biermösl-Blosn*. Michl lernte sie kennen, als sie (noch nicht so berühmt) in Dorfen musizierten. Man kam ins Reden, man freundete sich an, und als die Wells feststellten, dass ihre Kinder im Kindergarten »verpreißen« würden (also ziemlich preußisch daherredeten), da brachte einer der Wells einen Stapel bayrischer Kinderlieder an: Das Liederbuch *Sepp Deck Hennadreck* entstand, mit Bildern, klar, von Reinhard Michl.

Seine künstlerische Ader, vermutet Michl, und seine Liebe zu den Büchern hat er von seinem Vater: Der arbeitete zwar Zeit seines Lebens in einem chemischen Labor, doch wenn es galt, Urkunden oder Plakate für Vereine zu gestalten, war der Vater mit seinem Kalligrafie-Geschick gefragt. »Und wenn wir ein Buch angeschaut haben, dann musste der Tisch sauber sein und die Hände gewaschen. Ein Buch war kostbar.« Zu jedem Weihnachtsfest, jedem Geburtstag wünschte sich Michl als Kind ein Buch. Wenn ihm die Illustrationen nicht gefielen, zeichnete er selbst neue. Zum Beispiel für Robert Louis Stevensons Roman *Die Schatzinsel*. Auch die »dramatischen Geschichten aus der Bibel«, die er im Religionsunterricht hörte, zeichnete er zu Hause. »Dinge, die mich beschäftigt haben, habe ich zeichnerisch ausprobiert, das war ein natürlicher Vorgang.« Von Talent mag er nicht sprechen: »Vielleicht ist es Leidenschaft. Und wenn man etwas mit Leidenschaft macht, ist man zwangsläufig irgendwann besser als andere.

Auch macht man Sachen, die einem gelingen, lieber als etwas, wo nichts dabei rauskommt.«

Jahre später, als Michl mal wieder an jene Stelle bei Kelheim an der Altmühl kam, wo er als Kind gespielt hatte, und sah, dass an dieser Stelle jetzt ein Damm stand und der Main-Donau-Kanal fertig war, zeichnete und schrieb er seine Kindheitserlebnisse nieder: *Ein Tag am Fluss* entstand, natürlich durchkomponiert wie ein kleines Theaterstück.

Als Kind wünschte sich Reinhard Michl zu jedem Geburtstag, zu jedem Weihnachtsfest ein Buch. Gefielen ihm die Bilder nicht, zeichnete er neue. Heute schreibt er manchmal auch die Texte selbst, so wie für *Manchmal wär' ich lieber Max*.

Murnau

Roswitha Tafertshofer

Die Kunsthistorikerin lässt sich von Puppenstuben inspirieren

Nach der Wende versuchte Roswitha Tafertshofer zu retten, was zu retten war: Auf Flohmärkten in Dresden und Leipzig kaufte sie alte Puppenstuben, Bahnhöfe, Bauernhäuser, Kaufläden, Ritterburgen. Was sie damit anfangen wollte, wusste sie noch nicht. Sie wusste nur: Sie musste sie sammeln. »Die Architektur im Osten, die Haustüren, die Gesimse haben mich fasziniert. Da gab es Schätze aus der Vergangenheit, die wir im Westen nicht mehr hatten«, erzählt sie. So kaufte sie die Architektur im Kleinen.

Um zu verstehen, was Tafertshofer an den Puppenstuben und Miniaturhäusern fasziniert, muss man in ihre Kindheit in Bonn zurückgehen. Ihre Mutter, eine Malerin und Bühnenbildnerin, nahm die sechsjährige Roswitha in den 1950er-Jahren ab und an mit ins Theater; dann saß das Mädchen im dunklen Zuschauerraum und blickte auf die Bühne: »Das Ausschnitthafte war mein Blick auf die Welt.« Zu Hause spielte sie Szenen im eigenen Puppenhaus nach, arrangierte sie anders oder stellte ungewöhnliches Zubehör in die Stube. »Die Puppenstube war für mich eine Bühne.« Als Teenagerin jobbte sie in einem Künstlerzentrum am Bahnhof Rolandseck, dem heutigen Arp Museum: Sie hängte Ausstellungen und war fasziniert vom bohèmehaften Leben im runtergekommenen Bahnhofsgebäude. Dort lernte sie die Witwen berühmter Künstler kennen, wie Elisabeth Erdmann-Macke, Marguerite Arp-Hagenbach und Nina Kandinsky. »Nina Kandinsky trug immer eine eng anliegende schwarze Kappe mit goldener Brosche; sie war streng und elegant. Diese Kombination fand ich faszinierend. Wie sie trage ich heute noch eine Brosche am schwarzen Hut.« Dazu der morbide Charme des Bahnhofs, »heruntergekommen, aber eine ästhetische Schönheit«. Das Morbide, die Kunst, der ausschnitthafte Blick auf die Bühne – das hat die Wurzeln gelegt für ihr späteres Leben.

Nach dem Abi sollte es etwas Handfestes sein, und Tafertshofer machte in Bonn eine Lehre zur Buchhändlerin. Dann arbeitete sie als Journalistin fürs Feuilleton der *Bonner Rundschau*, war ein Jahr lang Reiseleiterin in

ROSWITHA TAFERTSHOFER
Schwaigangerstraße 28 • 82418 Murnau
Tel. 08841/26 50 • www.roswitha-tafertshofer.de
Termine nach Vereinbarung

R. Tafertshofers Tipp

In Murnau in den Seidlpark gehen,
lauschige Flecken und Statuen entdecken,
auf den Freundschaftshügel steigen.

Mittelschweden, lernte dort ihren Mann kennen und beschloss, mit ihm nach Chile auszuwandern, weil sie Fans von Präsident Salvador Allende waren. Doch der Militärputsch von 1973 und der Selbstmord Allendes beendeten die Auswanderträume. Roswitha Tafertshofer studierte in Wien und München Theaterwissenschaften und Kunstgeschichte, lebte dann in Innsbruck, »in einem verfallenen, wunderschönen Bauernhaus«, und ließ sich 1983 mit der Familie in Murnau nieder, in einem Haus mit knarrender Treppe und alten Kastenfenstern, mit Original-Olivengriffen von 1937.

Dann kam die Wende. Tafertshofer beobachtete, wie sich der Osten der Republik veränderte, wie auch im Westen »die historische Architektur immer geringer geschätzt wurde«, wie die Landschaft immer mehr möbliert wurde – und hatte ihr Thema gefunden: die Geringschätzung der Architektur. »Diese Geringschätzung konnte ich nur aufzeigen, indem ich zersägte, übermalte, türmte, kippelte und häufelte.« So paradox es klingt: Das Zerstören half ihr, »den Verlust der Schönheit zu kompensieren«.

In ihre Puppenstuben stellt sie die Objekte hinein, stellt sie um, stellt sie hin und her, und am Ende stellt sie dar. So entstehen ihre Stellagen – im Wortsinn. Selten ist ein Gegenstand festgeklebt, alles bleibt beweglich: So bleibt Veränderung möglich. Da ist der Bauernhof: Gebäude, Huhn, Pferde, Fuhrwerk, alles ist mit lindgrünem Lack übertüncht. Titel: »Komplett saniert«. Alles aus einem Guss, keine Individualität ist mehr erkennbar. »So sieht es ja manchmal nach einer Sanierung aus«, kommentiert die Künstlerin. Oder die Stellage »Jede Zeit frisst die vorherige«: In einer Stube mit Blümchentapete sind Rokokomöbel übereinandergestapelt, getreten von roten und pinken Plastikstiefeln, auf der anderen Seite des Zimmers stehen rote 1950er-Jahre-Stühle. Die Gegenwart frisst die Vergangenheit. Oder die vielen blauen Pferde in einem Stall – Titel: »Blauer Reiter satt«. Ihre Kritik an der Vermarktung der Künstlergruppe *Blauer Reiter*.

»Ja, es ist ein Werteverlust, wenn ich die historischen Figuren, Möbel und Räume übermale oder zersäge, aber dieses Risiko gehe ich ein«, sagt die Künstlerin. Inzwischen lagern in der Dachstube neben ihrem Atelier mehr als hundert Kaufläden, Bauernhäuser und Puppenstuben aus dem Zeitraum 1870–1970, dazu Dutzende von Schuhkartons, gefüllt mit Zubehör, sauber beschriftet: »Krieg als Vater«, »Flächenfraß«, »Würdenträger«, »Natura Morte«, »Prosa des Alltags«, »Bilderflut«.

In Ausstellungen in ganz Bayern zeigt sie ihre Kunst, verkauft sie aber selten. Das Zerstören fällt ihr nicht schwer, das Weggeben schon. »Der Verkauf ist für mich nicht das Kriterium. Ich will etwas schaffen und ausstellen und damit eine Verbindung zu den Menschen aufnehmen.« Die Reaktionen fallen unterschiedlich aus. Einmal schrieb eine Besucherin ins Gästebuch, die Stellagen seien eine »Schande, ein Angriff auf Kulturgüter«. Tafertshofer erklärt das so: »Mit Puppenstuben verbinden die Leute eine heile Welt; was ich zeige, ist keine heile Welt.« Am liebsten ist es ihr, wenn sie zu ihren Werken gar nichts sagen muss: »Der Künstler schaut, fühlt und gestaltet. Der Besucher schaut, fühlt und redet.« In diesem Sinn: Genug gesagt.

Dutzende Puppenstuben und Bauernhäuser kaufte die Künstlerin auf Flohmärkten. Sie baut sie um und will damit auf die Geringschätzung von Architektur aufmerksam machen – etwa mit der pinken Installation »Die Gegenwart frisst die Vergangenheit«.

Café Florentina

Tobias Cozma-Franks Leidenschaft für die Küche stammt von seiner Oma

Als der Architekt Emanuel von Seidl den Murnauer Bürgern zu Beginn des 20. Jahrhunderts riet, sie sollten ihre Häuser bunt streichen, weil das den Ort attraktiv machen würde, kamen auch die Besitzer des Hauses, in dem sich heute das *Café Florentina* befindet, diesem Vorschlag nach: Sie beauftragten den Kunstmaler Adolf Hengeler, auf die Fassade das Fresko »Viererzug« zu malen, schließlich diente das Haus damals als Handels- und Fuhrbetrieb. Vier Rösser ziehen ein Fuhrwerk, der Pfeife paffende Kutscher schwingt die Peitsche.

Auch heute noch ziert dieses Bild die blaue Fassade des Cafés, doch es ist eine Kopie, das Original haben Wind und Wetter im Lauf der Jahrzehnte beschädigt. Statt eines Stalls ist im Erdgeschoss seit etwa zwanzig Jahren ein Café untergebracht, benannt nach dem Vornamen der ersten Pächterin: Florentina Pucea.

Weiße Tische, pastellfarbene Kissen, eine Kinderecke: Als Tobias Cozma-Frank das *Florentina* im Januar 2020 übernahm, ließ er die Inneneinrichtung unverändert, und auch das Konzept als reines Frühstückscafé behielt er bei. Die Coronapandemie machte den Einstieg nicht leicht, ohne die Hilfe seiner Familie und von guten Freunden, sagt er, hätte er die Zeit nicht überstanden. Dabei hatte er eigentlich gar nicht vor, sein Angestellten-Dasein aufzugeben, als er im Jahr zuvor im *Florentina* als Koch eingestellt worden war. Doch mit der Zeit bekam er immer mehr Aufgaben, da die Pächterin gleichzeitig ein Hotel in Dresden führte und Cozma-Frank bald als ihren Nachfolger sah. So wurde der Koch binnen weniger Monate zum Cafébetreiber.

Klar war es eine Umstellung: statt Schweinsbraten auf einmal Schwarzwälder Kirschtorte. »Köche«, sagt Tobias Cozma-Frank, »mögen die Desserts und die Patisserie nicht.« Denn das Süße hat in ihren Augen nichts mit Kochen zu tun. Kochen ist experimentieren, spielen mit Gewürzen, Kräutern, Gemüse, Fleisch, Fisch. Was passt wozu? Welche Kombination ist ungewöhnlich? Das Ko-

CAFÉ FLORENTINA
Untermarkt 54 • 82418 Murnau
Tel. 08841/672 41 33 • www.cafe-florentina.de • Instagram @cafe_florentina
Öffnungszeiten: Mo–Do 9–15 Uhr, Fr–So 9–17 Uhr

T. Cozma-Franks Tipp

Auf den Jochberg wandern (Start: Parkplatz am Kesselberg) und den schönen Blick auf Kochel- und Walchensee genießen.

chen hat der Weilheimer von der Pike auf ge-lernt. Zuhause kochte immer die Oma: Spinat, Spiegelei und Bratkartoffeln, das ist auch heu-te noch sein Oma-Lieblingsgericht. Und offen-bar waren es die Kochkünste der Großmutter, die dazu führten, dass Frank und sein älterer Bruder Robert gleichzeitig eine Kochlehre be-gannen. Der große Bruder schloss sie als Jahr-gangsbester ab, der jüngere als zweitbester. Doch die Lehre im Garmischer *Forsthaus Gras-egg* und in der *Alten Villa* in Utting und der Start in den Job verliefen für Cozma-Frank nicht ohne Hindernisse: In dieser Zeit erlitt er einen Blinddarmdurchbruch, während der OP wurde der Dickdarm beschädigt, viele Bauch-OPs folgten, lange Krankenhausaufenthalte.

Dennoch zog der Weilheimer die Lehre in der vorgesehenen Zeit durch und suchte sich seine erste Stelle in England, denn jeder habe ihm immer geraten: »Geh ins Ausland oder aufs Schiff, dort lernst du anders kochen.« Seine Jobs führten ihn in ein Hotel im englischen Marlow, dann nach Österreich in eine Après-Ski-Bar nach St. Anton. Und weil er auch das mal ausprobiert haben wollte: zweimal aufs Oktoberfest. Im *Armbrust-Schützenzelt* briet er Hendl, rührte Saucen an, drehte Knödel, be-reitete Kraut- und Kartoffelsalat zu. »Stress pur, aber auch ein Mega-Spaß«, sagt er. »Du lernst Leute aus der ganzen Welt kennen. Und du siehst, wie weit du an deine Grenzen gehen kannst.« Er war bei den Olympischen Spielen 2012 in London im deutschen Koch-Team. Dort kochten sie für die Veranstaltungen der Deut-schen rund um die Spiele: für Empfänge und Events, Aftershows und Showcooking. Oft 500–1000 Essen, für ein Büfett 15 Desserts, mehrere Fisch- und Fleischgerichte: »Das war geil, aber du bist nur eine Nummer.« Extrem anstrengend auch die Zeit, die Köche standen 13, 14 Stunden jeden Tag am Herd. Angenommen hat er all diese Jobs, weil es ihm wichtig war, viele Köche kennenzulernen: »Jeder macht den Schweinsbraten ein bisschen anders, und von jedem nimmst du etwas mit.« Es folgten weitere Stellen in der Region Weilheim und in Murnau, bis er dann das *Café Florentina* übernahm, im Herbst 2021 kam in Weilheim das *Café Cosmea* dazu.

Als herzhafte Gerichte setzte Cozma-Frank Bagels auf die Karte, gefüllt mit Frischkäse, Lachs und Gurke oder mit Avocadocreme und frischem Gemüse. Außerdem gibt es Pinsa, »ein Zwischending zwischen Flammkuchen und Pizza, luftig und leicht, weil der Teig aus drei verschiedenen Mehlsorten besteht«. Er wolle sich abheben von den anderen Cafés und Bistros, sagt Tobias Cozma-Frank, denn: »Wenn du was hast, was die Leute kennen, wie Pizza oder Flammkuchen, dann vergleichen sie dich.«

Und der Koch begann zu backen. Notgedrungen eigentlich, doch er stellte fest: »Experimentieren kann man auch mit Früchten und Kuchen.« Erdbeere und Basilikum sind eine spannende Kombi, Kuchen kann man mit Oreo-Keksen oder mit Giotto-Kugeln verfeinern, Eistees bekommen durch selbst gemachten Sirup ihre besondere Note. Auch seine Gäste können sich kreativ betätigen und ihre eigene Frühstücksbowl gestalten. In seinem Element als Koch ist er dann, wenn jemand die Räume für Veranstaltungen bucht: Dann tischt er Menüs auf oder Fingerfood. Und das blaue Haus wird für einen Abend vom Café zum Restaurant.

Vor über 100 Jahren empfahl der Architekt Emanuel von Seidl den Murnauern, ihre Häuser bunt zu streichen. Das *Café Florentina* erstrahlt außen blau, innen pastellfarben. Benannt ist es nach der ersten Pächterin.

Giotto-Torte

Die erste Torte, die Tobias Cozma-Frank ins Sortiment aufnahm

Zutaten

Für den Tortenboden
4 Eier
130 g Zucker
1 Pck. Vanillezucker
100 g Mehl
1 TL Backpulver
100 g gemahlene
   Haselnüsse

Für die Füllung
750 g Sahne
3 Pck. Sahnesteif
1 Pck. Vanillezucker
300 g Giotto-Kugeln
75 g Haselnusskrokant
150 g Nuss-Nougat-Creme

Zum Dekorieren
Weitere Giotto-Kugeln
Eine Handvoll Beeren
   (Himbeeren, Heidel-
   beeren, Erdbeeren,
   Johannisbeeren) –
   je nach Geschmack
   und Farbvorliebe

Zubereitung

Die Eier mit 3 EL Wasser verrühren. Dann Zucker und Vanille-zucker vermischen und unter die Eimasse rühren. Mehl, Backpulver und Haselnüsse mischen und unter die Zucker-Ei-Masse heben.

Den Teig in eine gefettete und mit Backpapier ausgelegte Springform (26 cm Durchmesser) geben und etwa 30 Minuten bei 180 °C (Ober-/Unterhitze) auf der mittleren Schiene backen.

600 g der Sahne mit zwei Päckchen Sahnesteif und einem Päckchen Vanillezucker steif schlagen. Die Giotto-Kugeln zer-drücken und zusammen mit dem Haselnusskrokant unterheben.

Den Tortenboden nach dem Backen auskühlen lassen und mit einem scharfen Messer oder einem Bindfaden durchschneiden. Nuss-Nougat-Creme im Wasserbad schmelzen, dann den unteren Boden damit bestreichen. Nun die Giotto-Krokant-Creme über die Nuss-Nougat-Creme geben. Den obersten Boden draufsetzen.

Die Torte zwei Stunden kühl stellen.

Dann die restlichen 150 g Sahne mit einem Päckchen Sahne-steif schlagen und die Torte oben und am Rand damit bestreichen. Als Dekoration weitere Giotto-Kugeln auf die Torte setzen. Je nach Geschmack und um Farbe in die Torte zu bringen, die Torte mit verschiedenen Beerensorten dekorieren.

Wer will, kann den Rand zudem mit Haselnusskrokant oder Mandelplättchen verzieren (Krokant bzw. Mandelplättchen zuvor in einer Pfanne ohne Fett leicht anrösten).

Susanne Assum

Die Bildhauerin kommuniziert über ihre Skulpturen

Wenn Susanne Assum mit ihrem Hund spazieren geht, dann scannt sie ihre Umgebung nach Holz: Liegen irgendwo gefällte oder vom Sturm umgerissene Baumstämme? Holz, dem sie neues Leben geben kann? Manchmal geschieht es auch, dass ihr Kunden Baumstämme vorbeibringen, mit der Bitte, eine Skulptur daraus zu machen. Manchmal ist es auch ein ganzer Baum: wie jene Olive, die von Italien nach Murnau verpflanzt werden sollte. Aber der Baum machte das nicht mit.

Die Bildhauerin polierte den Stamm, brachte an den abgestorbenen Hauptästen vier dicke goldene Knospen an und färbte einen Teil des Wurzelwerks rot – der verwundete Baum. Derartig große Objekte kann sie anfertigen, seit sie wieder in Murnau lebt, eine große Garage hat und vor allem ein Sägewerk in der Nachbarschaft, wo sie mit Kettensäge und Kran hantieren und ihr Holz lagern kann.

Begonnen hat alles deutlich kleiner. Und mit einem Speckstein: Im Kunstunterricht in der Schule, wo stets gezeichnet und gemalt wurde, durfte die Klasse einmal einen Speckstein bearbeiten. Für die gebürtige Murnauerin eine neue Erfahrung: statt zweidimensional plötzlich dreidimensional zu denken und zu arbeiten. Nicht nur zu schauen, was auf der Oberfläche passiert, sondern auch um die Ecke und hinten. Assum beschloss, die Bildhauerei zu ihrem Beruf zu machen.

Nach der Gesellenprüfung zur Bildhauerin an den Schulen für Holz und Gestaltung in Garmisch zog Assum im Jahr 1999 nach Barcelona. Weil sie Spanisch lernen wollte: »Ich dachte, als Bildhauerin muss man nicht viel reden, sondern mehr machen – deshalb habe ich mir das zugetraut.« Dort schrieb sie sich an der Kunsthochschule ein: Zwei Jahre belegte sie Kurse in Steinbildhauerei, ein Jahr Bronzeguss, zwei Jahre Glas. Materialien, die sie noch nicht kannte.

Ihr Geld verdiente sie in Ateliers, die für Museen, Freizeitparks und Filmausstatter arbeiteten: Mal galt es, einen Neandertaler aus Kunstharz zu gießen, mal ein Iglu zu bauen, mal einen großen Vogel zu formen. Sie arbeitete mit Styrodur und Kunstharz. Sie half bei Restaurationsarbeiten an öffentlichen Gebäu-

---

SUSANNE ASSUM

Am Mösl 29 • 82418 Murnau • Tel. 0152/56 12 95 77 • www.susanneassum.de
Termine nach Vereinbarung

den. Eine eigene Werkstatt hatte sie außerdem, dort fertigte sie das, was ihr in den Sinn kam. Da gibt es die Serie »Käfige«: Kunstharzfiguren sind in kleine hölzerne Vogelkäfige eingeschlossen. Ein David und eine Venus, ein Denker, kleine Putten – alle tragen sie kleine Flügel, doch nutzen sie diese nicht, um sich aus dem Käfig zu befreien. Eine Serie aus Stein, »Gegenstücke«: mehrteilige Objekte, die ineinander passen und verschieden angeordnet werden können. Aus Glas entstand die Installation »Sieben Todsünden«: in Glas gegossene Objekte, die die sieben Todsünden symbolisieren – ein dicker Wurm für die Faulheit, übereinander gestapelte Aale für die Wollust, ein Herz mit Stacheln für den Hass. »Glas ist ein tolles Material, man hat eine zusätzliche Dimension, weil man hindurchblicken kann«, findet Assum.

Doch als sie 2012 zurück nach Murnau zog, kehrte sie zum Material ihrer Lehrzeit zurück: Sie mag die Wärme, das Lebendige des Holzes. Manchmal geben die Stämme vor, was aus ihnen werden soll. »Ich arbeite gern mit dem Holz zusammen; das Holz bringt was mit, macht Vorgaben. Dadurch nimmt man sein eigenes Ego zurück.« Etwa der Stamm mit der Geschwulst – Teil der Serie »Wunden«. Die eiförmige Skulptur, Teil eines Walnussbaums, vom Blitz getroffen, die Wunde hat sie geschwärzt. Da ist das Oval, durch das ein Riss geht, mit Nägeln geklammert. Ein Objekt, das an ein Football-Ei erinnert, umwickelt mit weißer Wolle, als trüge es einen Verband. Verwundet, aber doch geheilt. »Ich habe bestimmte Themen, die mich bewegen. Und ich drücke

Die Serie »Früchte« dominiert gerade den Showroom: ein Spiel mit Sein und Schein. Harte Schale, empfindlicher Kern. Am liebsten arbeitet Susanne Assum mit Holz, sie legt frei, was sie im jeweiligen Stück Stamm sieht: Risse, Wunden und Geschwülste.

mich durch Formen aus, nicht durch Worte«, erklärt Susanne Assum. Etwa die Wunden: »Unsere persönlichen Wunden machen uns zu dem, was wir sind.«

Gerade dominiert die Serie »Früchte« ihren Showroom: An eine aufgeschlagene Walnuss erinnern die dunklen Schalen mit ihrer hellen, zarten Trennwand. Das Innere wölbt sich aus sandfarbenem Plüschstoff aus der Schale. Eine schwarze Kugel, mit Nägeln gespickt, aus einer Öffnung strahlt es weiß – wie bei einer Kastanie. Eine aufplatzende schwarze Schote mit leuchtend rotem Rüssel. Die Frucht – ein Symbol für Sein und Schein: »Wir leben in einer Gesellschaft, in der der erste Eindruck und das Image oft das Wichtigste sind. Was hinter dem ersten Eindruck steckt, ist oft sehr konträr«, findet die Künstlerin. Die Schale kann hart sein und als Schutz für einen empfindlichen Kern dienen. Oder das Äußere ist attraktiv und anziehend, doch innen kommt das Giftige zum Vorschein. »Wenn jemand vor einer Skulptur

Susanne Assums Tipp
Am anderen Ende der Straße im Café der Murnauer Kaffeerösterei einkehren.

steht, erfolgt die Kommunikation emotional, auf Gefühlsebene, nicht rational. Das ist das Schöne an der Bildhauerei: Sie kann nonverbal kommunizieren.«

Die großen Holzstämme bearbeitet Susanne Assum mit der Kettensäge, mit der Flex, später mit Schnitzeisen und Schleifpapier. Oft sieht man die Kettensägestrukturen, doch sie wirken nicht grob, sind glatt poliert. Danach ölt sie ihre Objekte – so treten die Maserungen besser hervor. Die Strukturen des Lebens. Die Bildhauerin mag es, wenn in große öffentliche Gebäude, die oft kühl wirken, durch ein Holzobjekt auf einmal etwas Wärme und Leben kommt. Und wenn viele Leute daran vorbeilaufen. Denn: »Kunst gehört in die Öffentlichkeit.«

Bucht 27

Tobias Lux und Bado Schleifenbaum haben ein Faible für Seen

Im Sommer gehen ihnen immer wieder die Gläser für den Spritz aus. Aperol Spritz, Campari Spritz und Limoncello Spritz holen sich die Radler und Wanderer, die Einheimischen und Urlauber dann an der Theke, setzen sich ans Wasser, auf die Liegewiese oder auf einen der Liegestühle und genießen den Blick auf den See, den Sonnenuntergang, und vielleicht tuckert auch noch der Dampfer vorbei. So sollte es sein, und so haben es sich die beiden Betreiber Tobias Lux und Bado Schleifenbaum vorgestellt, als sie sich 2018 um den Kiosk bewarben. Dabei hatten Gastronomen zuvor geunkt: »Was anderes als Bier braucht ihr da unten gar nicht anzubieten.« Doch der neue Kiosk und das neue Konzept locken ein anderes Publikum an: Junge und Ältere, aus allen Schichten und Berufen. »Wir wollten genau so was, wo sich alle möglichen Leute wohlfühlen, kein Schickimicki«, sagt Lux.

Wohnen und arbeiten am See – das spielte im Leben der beiden schon lange eine Rolle. Bado Schleifenbaum, Jahrgang 1992, machte am Starnberger See eine Lehre zum Bootsbau-er, organisierte Partys in verschiedenen Locations und rutschte so langsam, aber sicher in die Gastronomie: Er arbeitete am Ammersee im Kiosk *Bayrische Brandung* und in *Matos Fischladen*, am Wörthsee im *Augustiner*, am Starnberger See im Tutzinger *Südbad* und im Kiosk *Steg 1*. Tobias Lux, geboren 1979, wohnt ebenfalls am Starnberger See, lernte Schleifenbaum aber in einem Club in München kennen, wo er als DJ auflegte. Sein Geld verdiente Lux als kaufmännischer Angestellter und im Vertrieb. Schleifenbaum fragte Lux, ob er ihn nicht beim *Steg 1* unterstützen wolle. Eine Saison arbeiteten sie dann gemeinsam dort. Obwohl sehr verschieden, ergänzte sich das Duo, jeder hatte da Stärken, wo der Andere Schwächen zeigte, wie Lux erzählt. Sie sannen darüber nach, wie cool es wäre, wenn sie zusammen einen eigenen Gastrobetrieb hätten. Und dann rief Schleifenbaum eines Abends bei Tobias Lux an, sagte, er habe da eine Ausschreibung gesehen. Statt Fünfseenland war es jetzt das Blaue Land. Der Haken war nur: Abgabeschluss für das Konzept war noch in derselben Nacht.

BUCHT 27
Seestraße 27 • 82418 Murnau
Tel. 08841/999 99 90 • www.bucht27.de • Instagram @bucht27
Öffnungszeiten: von 1. April–31. Oktober täglich bei gutem Wetter von 10–22 Uhr

Bucht 27 Tipp

Ins Schloßmuseum Murnau gehen und danach auf der schönen Restaurantterrasse einkehren.

Das Team bekam den Zuschlag für den neuen Kiosk am Staffelsee. Sie erhielten eine eingeschränkte Konzession, das heißt, sie dürfen vor Ort nur kalte Speisen zubereiten oder etwas erwärmen, aber nicht selbst kochen. Dazu braucht es eine Vollkonzession. Auf der Karte stehen deshalb Kiosk-Klassiker wie Pommes, Brat- und Currywurst. Die Currysaucen für die Currywurst und die Sour-Cream-Sauce für die Süßkartoffelpommes rühren Lux und Schleifenbaum selbst zusammen, die Wurst liefert die Murnauer *Metzgerei Haller*. Es gibt Toasts, Kuchen und Eis, den Blechkuchen backt die *Bäckerei am Kirchplatz* in Uffing.

Flammkuchen und Pizza werden in Italien handgemacht, im Holzsteinofen vorgebacken und dann schockgefrostet. Tobias Lux sagt: »Wir bieten nur das an, was wir auch selbst essen würden, zu einem Preis, den wir auch selbst bezahlen würden.« Die Karte ist übersichtlich, mehr geht aus Platzgründen nicht: Die Küche ist nur zweieinhalb Meter breit, Arbeits- und Lagerflächen sind begrenzt. Weil der Getränkelieferant nur zweimal die Woche kommt und nicht täglich, haben sie unweit des Kiosks einen Raum angemietet, um dort Getränke lagern zu können.

Ein bisschen mehr Platz haben Lux und Schleifenbaum seit dem Sommer 2022: Seit Mai betreiben die zwei nur wenige Meter weiter das Café im ehemaligen Strandbad. Aus dem *Lido* wurde das *Laguna*. Dort ist nicht nur die Küche größer und es gibt mehr Sitzmöglichkeiten, auch die Karte ist umfangreicher: Mehrere Sorten Flammkuchen und Pizza stehen zur Auswahl, kleine Gerichte wie Calamari oder Salate, in der gekühlten Kuchenvitrine steht auch Sahniges oder selbst gemachte Zitronentarte.

Das einstige Strandbad ist jetzt offen für alle und kostet keinen Eintritt. Stege, Badeinsel und Sprungturm wurden abgebaut – sonst bräuchte es für jede dieser Attraktionen einen eigenen Bademeister.

Geöffnet ist die *Bucht 27*, solange die Dampfer fahren: von April bis Ende Oktober. Lux sagt: »Das ist ein schönes Arbeiten, ich habe gern mit Menschen zu tun, und man ist viel draußen. Mit Anzug am Schreibtisch zu sitzen, kann ich mir nicht mehr vorstellen.« Herausfordernd ist der Job auch, Lux und Schleifenbaum müssen ihr Geld im Sommer verdienen: Wenn das Wetter nicht passt, bleibt die Kasse leer. Auch wenn alle vom Jahrhundertsommer 2022 schwärmen, im Alpenvorland war es an den Wochenenden oft verregnet. Ab und an sind die *Bucht 27* und das *Laguna* auch im Winter offen, an ausgewählten Tagen mit speziellem Angebot, etwa zum Brunchen.

Bestückt ist der Kiosk mit Regiestühlen aus Griechenland – die sind wetterfest, bequem und langlebig, dazu Biergartentische: »Wir mögen das Unkomplizierte und dadurch mischt sich das Publikum.« Fürs *Laguna* hat Bado Schleifenbaum, der ehemalige Bootsbauer, hohe Tische geschreinert, an denen man auf Barhockern sitzt. In der Reihe davor sitzt man an normal hohen Tischen, und noch eins davor chillt es sich im Loungebereich. Dreistufig geht es nach unten, sodass man von jedem Platz einen perfekten Blick aufs Wasser genießt. Und auf den Sonnenuntergang. Am besten mit einem Glas Spritz in der Hand.

Kurz vor Schluss gaben die beiden Pächter ihre Bewerbung für den Kiosk am Staffelsee ab – und bekamen den Zuschlag. Ihr Konzept scheint aufzugehen: Die Gäste nehmen Speisen und Getränke oft mit auf die Liegewiese oder zum Seeufer.

Süßkartoffelpommes mit Sour Cream à la Bucht 27

Das Rezept entwickelte Bado Schleifenbaum für den Kiosk *Steg 1* am Starnberger See und brachte es mit nach Murnau, weil es die Leute gern mögen. Schleifenbaum und Lux haben es noch etwas verfeinert.

Zutaten

Für 8 Portionen

1–2 Bio-Zitronen
500 g Schmand
1 Bund Schnittlauch
Salz
Schwarzer Pfeffer
Frischer, gehackter Knoblauch und Petersilie – je nach Geschmack und Wunsch
1–1,5 kg Süßkartoffelpommes (aus der Tiefkühltruhe) – sind die Pommes nicht als Beilage, sondern als Hauptmahlzeit vorgesehen, dann 2 kg Süßkartoffelpommes verwenden

Zubereitung

Zitronen auspressen und durch ein feines Sieb abseihen. Den Schmand in eine Rührschüssel geben, Zitronensaft nach und nach unter Rühren hinzufügen. Zwischendurch immer wieder eine Geschmacksprobe nehmen und abschmecken, wie zitronig man es haben möchte.

Weiterrühren, bis sich der Saft mit dem Schmand komplett verbunden hat. Schnittlauch fein hacken, ebenfalls hinzugeben und verrühren, bis auch hier der gewünschte Geschmack erreicht ist. Mit Salz und Pfeffer abschmecken.

Wer mag, kann auch noch gehackten Knoblauch und Petersilie hinzugeben.

Sour Cream in ein luftdichtes Gefäß umfüllen und einige Stunden oder gern auch über Nacht im Kühlschrank durchziehen lassen.

Die Süßkartoffelpommes frittieren oder auf einem Backblech knusprig backen, die Sour Cream bei Bedarf nochmals mit etwas gehackter Petersilie bestreuen und mit den Pommes anrichten.

TIPP

Bleibt Sour Cream übrig, kann man sie als Dip zu Gemüse und Ofenkartoffeln genießen.

Marie-Christine Hollerith

Die Papierschnittkünstlerin zaubert kleine Schätze aus Papier

Wenn Marie-Christine Hollerith ihr Schatzkästchen öffnet, durchströmt sie jedes Mal »ein unglaubliches Glücksgefühl«: darin ein Sammelsurium aus hübschen Karten, Kalendern, Notizbüchlein. Mitbringsel aus dem Urlaub – und viel zu schade zum Benutzen.

Sie liebt Papier schon seit sie Kind war: das Filigrane, Zarte, die Haptik, den Geruch. Damals flitzte sie im Urlaub immer in die Papierabteilungen der Supermärkte, heute sucht sie besondere Papeterien auf, forscht nach lokalen Künstlern und ihren papierenen Kostbarkeiten.

Kein Wunder also, dass die Allgäuerin das Papier irgendwann als ihre eigene Kunstform entdeckt hat. Nach dem Abitur 1998 wollte Hollerith Grafikdesign studieren – aber es fehlte ihr der Mut. Also wurde es Kommunikationswissenschaften in München – bei ihren Jobs in Werbeagenturen fand sie sich aber stets in der Grafik wieder und studierte später berufsbegleitend doch noch Mediendesign. In ihrer Freizeit galt ihre Leidenschaft dem Illustrieren. Als eine ihrer Zeichnungen in einem 365-Tage-Kalender der Zeitschrift *Flow* erschien, beschloss sie, mehr daraus zu machen. Die Krux: Einen eigenen Stil fand sie lange Zeit nicht. Und so wirklich zufrieden war sie auch nie: Das, was sie zu Papier gebracht hatte, sah selten so aus wie in ihrer Vorstellung.

Bis sie 2017 mit Mann, Kindern und Camper fünf Wochen in Neuseeland unterwegs war. Es war ein verregneter Tag, und Marie-Christine Hollerith tat, was sie auf Reisen immer tut: Sie googelte nach schönen Läden und Papeterien. So fand sie ein Buch über Papercut, Papierschnitt. Es berührte sie in ihrem Innersten: »Dieser reduzierte Stil – man schafft etwas ganz Feines: ein Kunstwerk aus einem einfachen weißen Papier.« Am nächsten Tag erwarb sie Bastelcutter, Papier und eine feste Unterlage. Und schnitt. Eine simple Vogelform

---

MARIE-CHRISTINE HOLLERITH
MakerLab • James-Loeb-Straße 11 • 82418 Murnau
Tel. 0160/586 22 46 • www.zauberundzunder.de • Instagram @zauberundzunder
Termine nach Vereinbarung

mit einem Muster darin. Da spürte sie: »Endlich fühlte es sich nach mir und meinen Sachen an.« Sie hat geschnitten und geschnitten. Die ersten Schnitte gerieten noch fransig und unrund, mit der Zeit wurden sie immer feiner, die Muster zunehmend filigraner. »Das Schneiden bringt einen runter, ist fast meditativ.«

Sie zeichnet die Form vor, etwa die eines Bärenkopfes, und schmückt sie aus mit Blüten, Blättern, Gräsern und einem Gesicht. Dann überträgt Hollerith das Muster ins Digitale, druckt es aus, nimmt ihr Skalpell und schneidet. Winzige Blättchen, filigrane Gräser, feinste Linien für Augen und Mund. Sie prüft, ob Konturen zu dick oder zu dünn sind, verändert Linien, korrigiert den Sitz eines Auges, eines Mundes: Manchmal sind es Nuancen, die den Ausdruck eines Gesichts verändern.

Die Papierkünstlerin fertigte Anhänger und Mobiles für Freunde, verschenkte sie zu Geburtstagen und an Weihnachten. Sie richtete auf Instagram einen Account und auf Etsy einen Shop ein. Kleine Papierläden aus Mittel- und Norddeutschland meldeten sich – sie haben jetzt ihre Produkte im Sortiment. Inzwischen hat Marie-Christine Hollerith zwei Bücher zum Thema »Papercut« geschrieben und eine Vorlagenmappe erstellt, mit Mustern zum Selberschneiden. Und sie gibt Kurse im Papierschneiden.

Nicht nur das Kleine, Feine mag sie an den Papierschnitten, die Technik passt auch perfekt zu ihrem Faible für Nostalgie: Der Scherenschnitt kam in den 1700er-Jahren von China nach Europa, Schriftsteller und Künstler wie

Der Scherenschnitt kam im 18. Jahrhundert nach Europa, Künstler und Schriftsteller arbeiteten mit dieser Technik. Marie-Christine Hollerith entdeckte sie auf einer Neuseeland-Reise. Ihre Silhouetten schmückt sie mit winzigen Blättern und Blüten.

Johann Wolfgang von Goethe oder Henri Matisse schnitten Silhouetten und Ornamente aus Papier, Hans Christian Andersen ganze Märchen. Damals nahmen die Künstler nur die Schere in die Hand, Scherenschnitt eben. Heute heißt es Papercut, Papierschnitt: nicht, weil Englisch womöglich zeitgemäßer klingt, sondern weil sich die Techniken verändert haben. Einige Künstler schneiden das Papier mit dem Skalpell, andere traditionell mit der Schere, manche reißen, manche arbeiten mit einem Lasercutter. Marie-Christine Hollerith inzwischen auch. Sie wollte ihre Motive auf festeres Papier übertragen, der Stabilität wegen. Mit der Hand ist das Schneiden dann nicht mehr möglich, mit dem Lasercutter schon. Dafür nutzt sie die Ateliers im *MakerLab* in Murnau, einer Hightech-Werkstatt im InnovationsQuartier. Es gibt Holzwerkstätten mit Fräsen, eine Medienwerkstatt, 3D-Laser, eine Siebdruckwerkstatt und Werkräume, in die sich Künstler und Kreative für wenig Geld einmieten können. Kurse und Workshops werden angeboten. Hollerith fertigt auch Porträts an, als Vorlage

M.-C. Holleriths Tipp

Den Drachenstichweg entlangspazieren: Am Gabriele Münter-Haus in der Kottmüllerallee vorbei, über den Hörnleweg bis zum Restaurant Ähndl laufen.

dient ihr ein Profilfoto. Doch sie bildet nicht 1:1 ab, wie im klassischen Silhouettenschnitt, sondern jedes Porträt trägt ihre Handschrift. Im Wortsinn: In den Kopf platziert sie jeweils einen Gedanken wie »Sei du selbst« oder »wilderwunderwahnsinn« oder was immer die Porträtierten so beschäftigt. Hollerith sagt: »Ich will bewusst keine Massenproduktion machen, sondern es soll immer noch was Künstlerisches haben.« Manchmal ist da einfach ein Satz, der ihr in den Sinn kommt, wie z. B. »Man muss auch mal nach den Sternen greifen«, und dann überlegt sie sich, wie sie diesen Satz in einem Bild sichtbar machen könnte. Der Satz wird zu einem Schatz, den man in ein Kästchen legen könnte.

Riegsee

Harald Froschmaier

Der Skulpturenbauer lässt sich vom Stein inspirieren

Es war im Urlaub, als Harald Froschmaier begann, Steine mit anderen Augen zu sehen. Jahrelang hatte der Münchner alle seine freien Tage gesammelt, um dann stets für sechs, sieben Wochen nach Kanada zu reisen. In sein Traumland, wo die Natur unendlich scheint: »Ich wollte einfach dahin, wo man Hunderte Kilometer fahren muss, um einzukaufen.« Und dort traf er auf Menschen, deren Tun in ihm eine Faszination erweckten, von der er nicht wusste, dass sie tief in ihm verborgen war: In Yukon war es ein Indigener vom Volk der Northern Tutchone, den er irgendwo in der Wildnis kennenlernte und der sein Geld mit Mineralien verdiente. Froschmaier staunte, welches Leuchten und Glänzen im Inneren von unscheinbaren Steinklunkern möglich ist. »Aus etwas, das nach nichts ausschaut, hat er leuchtende, irre Sachen rausgezaubert.«

Auf einer anderen Reise, 1990, diesmal in den Osten Kanadas, in die Provinz Labrador, traf er auf einen Inuit: Im Winter verdiente dieser sein Geld als Jäger, im Sommer verkaufte er Skulpturen, die er aus Speckstein geschnitzt hatte: Jäger, Eisbären, Robben. An einem nassen, verregneten Tag legte der Inuit Froschmaier ein Stück des schwarzen kanadischen Specksteins hin, dazu Werkzeug und Schuhpolitur. Froschmaier feilte, raspelte und schliff das etwa zehn Zentimeter lange Stück, bis es ein bisschen so aussah wie eine sich windende Schlange. Und als er die Schuhpolitur auftrug, kam die ganze Schönheit des Steins zum Vorschein, mit all ihren Maserungen und Strukturen. So wie es manchmal bei Flusskieseln ist, die im Wasser besonders erscheinen, in der Sonne aber ihre Strahlkraft verlieren.

Sieben Monate reiste das schwarze Werkstück mit Froschmaier durch Kanada. Zurück in München besorgte er sich Bücher, Werkzeug und Speckstein. Wann immer es die Zeit zuließ, widmete er sich fortan dem Stein – tagsüber verdiente er sein Geld weiterhin als Elektriker. Er experimentierte mit anderem, härterem Stein: Serpentin, Alabaster, Kalkstein. Auch mit Marmor, den brachte er sich aus dem südtirolerischen Laas mit. »Das war eine Kettenreaktion: Je mehr ich gemacht habe, desto mehr Spaß machte es.«

HARALD FROSCHMAIER
Egenried 4a • 82395 Obersöchering • Tel. 08847/69 97 88
Termine nach Vereinbarung

Froschmaier zog von der Stadt aufs Land, in den Weiler Egenried bei Obersöchering: Vom benachbarten Landwirt konnte er einen Teil des alten Hühnerstalls mieten, dort stehen jetzt seine Werkbank und eine Absaugmaschine, es finden sich Masken und Gehörschutz und ein Holzofen. Er wurde Mitglied in der Murnauer Künstlervereinigung *Tusculum*. Dort traf er den Hohenfurcher Bildhauer Egon Stöckle, der sein Mentor und guter Freund wurde.

Von ihm lernt er das Bronzegießen: »Aus reiner Neugierde.« Wie man eine Figur aus Wachs formt und die Entlüftungskanäle mit anbaut, dann den Rohling in einer Holzkiste mit einer flüssigen Gips-Schamott-Mischung ummantelt. Wie man die Form verkehrt herum in den Brennofen stellt, bis sie komplett trocken und das Wachs rausgeschmolzen ist. Und dann Bronze in diese Hohlfigur einfließen lässt. Und am Ende das Gips-Schamott-Gemisch abklopft. Jede Skulptur gibt es nur ein einziges Mal: die hageren Boxer, die in einem Ring gegeneinander kämpfen, auf einem Sockel aus Alabaster. Die sieben Bronzegestalten, die kriechen, sich aufrichten, strecken und dann doch wieder fallen – Titel »noli altum sapere« (»Wolle nicht zu hoch hinaus«). Die Hand mit Dalì-ähnlicher Uhr und Sockel aus Speckstein. Das Specksteingesicht, das an Edvard Munchs Gemälde »Der Schrei« erinnert, auf einem Sockel aus Glas.

Welche Farben die Skulptur am Ende haben wird, weiß Froschmaier anfangs oft selbst nicht. »Bei manchen Steinen sieht man erst nach dem Schleifen und Polieren, was raus-

Ein Inuit weckte Harald Froschmaiers Liebe für den Speckstein. Welche Farbe ein Stein hat und welche Muster er birgt, zeigt sich oft erst während der Arbeit an ihm. Der Künstler kombiniert meist zwei Materialien, etwa Speckstein und Bronze.

gekommen ist.« Da gibt es die schwarze Skulptur »Die Würfel sind gefallen«, den grünen Stein, über den sich ein bronzener Wasserfall ergießt: Den alten Wasserhahn hatte der Steinkünstler in einem Schrottcontainer gefunden, »da wusste ich sofort, dass ich einen Brunnen machen will«. Das Wasser ist der Gussrest einer Bronze. Anders die winzigen Uhrwerke von Armbanduhren: Die sah Harald Froschmaier auf einem Flohmarkt, kaufte 20 Stück, irgendwann würde ihm schon einfallen, was er damit machen könnte. Es wurde dann ein »Uhrwald«.

Manchmal weiß Froschmaier sofort, was der Stein ihm erzählen will, was aus ihm werden soll. Manchmal dreht er ihn, stellt ihn auf den Kopf – doch der Stein spricht nicht zu ihm. »Wenn ich nicht entdecke, was drin ist, stelle ich ihn erst mal weg.« Manchmal liegt er nachts wach und denkt über seine Steine nach: »Und dann macht es schnipp, und ich weiß, was ich aus dem roten Travertin machen könnte.« Es gibt Phasen, da kann er nicht aufhören zu

Harald Froschmaiers Tipps

Ins Bauerncafé nach Tauting gehen und sich am Ausblick von der Terrasse über die Wiese freuen. Oder in der Musikkneipe und dem Bistro Zum Trödler in Habach einkehren.

arbeiten: »Da klopfe ich, fräse und schleife, tagelang, wochenlang. Das ist wie ein Turbo. Und dann kommt ein Punkt, da geht es nicht mehr.« Welches Material er wählt, entscheidet Harald Froschmaier nach Lust und Laune: »Wenn ich lang Steine bearbeitet habe, dann habe ich Lust auf Bronze und andersherum.« Oft kombiniert er zwei Materialien: Bronze und Granit, Bronze und Speckstein, Speckstein und Holz, Speckstein und Glas. Oft stehen seine Skulpturen und Plastiken auf einem Sockel: Dieser gibt den Figuren Halt, erhebt sie, präsentiert sie. Man soll doch sehen, was alles in so einem Stein steckt.

Museumscafé Panholzer

Martina Panholzer backt nach Gefühl

Als Martina Panholzer ihre Ausbildung zur Konditorin begann, war sie bereits Cafébesitzerin. Mit 18 Jahren. Schuld waren ihr Vater und ein Bekannter: Die beiden, Landwirt und Landmaschinenmechaniker und beide leidenschaftliche Sammler, trugen alte landwirtschaftliche Gerätschaften zusammen. Sie fanden: »Dafür müsste man ein Museum haben.« Schließlich erzählen ein Porsche-Traktor von 1959, ein hölzernes Güllefass und ein Bienenkorb aus Stroh vom bäuerlichen Leben in früherer Zeit. Da traf es sich gut, dass der alte Milchkuhstall der Panholzers seit 1997 leer stand. Und wie die Männer da zu Beginn der 2000er-Jahre anfingen, Sämaschine, handbetriebene Jauchepumpe, Krautschneider, Rechen, Schaufeln, Kochtöpfe und alte Öfen in den Kuhstall zu tragen und den Raum in ein Museum zu verwandeln, da sagte Martina Panholzer, geboren 1990 und damals noch ein Teenager: »Da brauchen wir ein Café. Die Leute wollen bestimmt Kuchen essen, wenn sie hier sind.«

So buk sie an einem Samstag im Jahr 2005 fünf verschiedene Kuchen, stellte sie auf eine Biertischgarnitur und wollte mal testen, »ob selbst gemachter Kuchen weggeht«. Die Mutter kochte Kaffee. Noch bevor das Museum abends zusperrte, war der Kuchen verkauft – und das Museumscafé beschlossene Sache.

Die Familie baute in den alten Kuhstall eine Theke ein, Kühlvitrinen und zum Hof ein großes Fenster zur Kaffee- und Kuchenausgabe. Sitzen kann man nur draußen, vor dem Museum und unter der großen Linde. Eröffnet haben sie das Café 2008, ein Jahr bevor Martina Panholzer im Murnauer *Café Krönner* ihre Lehre als Konditorin begann: »Ich wollte professionell backen können – das war mein Traumberuf.« Sie lernte, wie man sich so orga-

MUSEUMSCAFÉ PANHOLZER
Reinthal 2 • 82395 Obersöchering • Tel. 08847/15 20 oder 0151/19 47 05 70
www.museumscafe-reinthal.de • Instagram @museumscafe_reinthal
Öffnungszeiten: von März–November Sa/So/Feiertag 12–18 Uhr.
Bei schlechtem Wetter nur zum Mitnehmen

Martina Panholzers Tipp

An den Osterseen spazieren
gehen und im Restaurant *Vitus*
in Iffeldorf einkehren.

nisiert, dass man in kurzer Zeit möglichst viele Kuchen schafft, wie man Pralinen herstellt, Hochzeits- und Cremetorten backt. Wie man eine Prinzregententorte noppenfrei mit Schokolade überzieht, mit Marzipan und Fondant modelliert, Schokolade richtig temperiert.

Gern gebacken hat Martina Panholzer schon immer, mit Kuchen ist sie groß geworden: Jeden Samstag gab es zu Hause einen Zopf, sonntags einen Kuchen. Schon als Kind übernahm sie irgendwann das Plätzchenbacken in der Vorweihnachtszeit, und wenn sie Freundinnen zu Besuch hatte, dann rührten sie gemeinsam Teige. Sie half der Oma, die grundsätzlich nie eine Waage benutzte, beim Backen, und wenn Martina fragte: »Woher weißt du, wie viel Mehl du nehmen musst?«,

dann antwortete die Oma: »Das hast du im Gefühl. Du merkst schon, ob der Teig klebt oder nicht.« Und so handhabt Martina Panholzer es heute auch: Wenn sie die Tortenböden und Mürbeteige vorbereitet, dann ist die einzige Zahl, die fix ist: sieben Päckchen Butter für den gesamten Mürbeteig. Mehl und Eier kommen nach Gefühl dazu. »Ich würde durchdrehen, wenn ich jedes Mal ein Rezept raussuchen und alles abwiegen müsste.« Auch beim Käsekuchen mischt sie Schmand, Quark und Eier nach Gefühl, »dann schau ich, wie viel Milch ich brauche«. Manchmal wird der Kuchen vielleicht ein bisschen cremiger, manchmal etwas fester, beim dritten Mal etwas höher. Aber wen stört das? Hauptsache, er schmeckt. Die Waage holt sie nur raus, wenn sie Macarons backt, »da geht es um jedes Gramm«, oder ab und an bei aufwendigen Hochzeitstorten.

Etwa dreißig Kuchen und Torten stehen jedes Wochenende in den Vitrinen, viele »Hausmannskuchen« wie Käse-, Obst- und Streuselkuchen. Mikado-Torte, Maulwurfshügel und Hefezopf. Seit Ende ihrer Lehrzeit auch Prinzregenten- und Sachertorte. Für die Allergiker Gebäck ohne Mehl: Macarons, Florentiner oder Mandelecken. Die meisten Kuchen hat sie sich von ihrer Mutter abgeschaut, die ihr heute regelmäßig in der Backstube hilft. Vieles hat sie einfach improvisiert: Ein Kirsch-Nuss-Kuchen, der nicht so recht weggehen wollte, bekam ein Topping mit Sahne und Eierlikör, seither ist er der Renner.

Das Café gibt ihren Wochenrhythmus vor: Mittwochs formt sie oft die Deko für Tortenbestellungen aus Fondant oder Marzipan, donnerstags bereitet sie die Böden vor, den Mürbeteig, backt vorbestellte Tauf- und Hochzeitstorten. Freitags stehen Sahnetorten auf dem Wochenplan, sie wäscht und entsteint Zwetschgen für den Datschi, backt die Schmand-Kuchen, die über Nacht stehen müssen. Samstag und Sonntag steht sie spätestens um 5 Uhr in der Backstube.

Alle Kuchen sind ohne Konservierungsstoffe und ohne Backtriebmittel: »Bei mir geht alles ohne Backpulver auf.« Das Geheimnis: Eischnee ganz stark schlagen. Die Zutaten bezieht die Konditorin möglichst aus der Region, das Mehl von der *Off-Mühle* in Sindelsdorf, Eier aus Obersöchering, Getränke vom *Dachsbräu* in Weilheim, Quark, Schmand, Butter von der *Molkerei Berchtesgadener Land*. Die Milch von der *Molkerei Zott* – schließlich liefert der elterliche Bauernhof seine Milch dorthin. Der Kaffee kommt von der *Dinzler Kaffeerösterei*.

Vor Kurzem erfuhr Martina Panholzer, dass ihr Opa schon immer ein Café haben wollte – die Liebe zu Kaffee und Kuchen liegt in der Familie.

Als Martina Panholzers Vater beschloss, seine Sammelobjekte im ehemaligen Kuhstall seines Bauernhofs auszustellen, sagte seine Tochter sofort: »Zu einem Museum gehört ein Café.« Ohne es zu wissen, erfüllte sie damit einen Traum ihres Opas.

Mokka-Baiser-Torte

Ohne diese Torte geht im Café nichts – jedes Wochenende backt Martina Panholzer zwei davon. Das Rezept entwickelte sie, weil Freunde und Bekannte sie fragten, ob sie nicht eine Baiser-Torte auf der Karte habe.

Zutaten

Für die Tortenböden

12 Eiweiße
1 Prise Salz
850 g Zucker
1 Prise Zimt
500 g gemahlene oder
  gehobelte Erdnüsse
  (alternativ Mandeln
  oder andere Nussarten)
160 g Weizenstärke

Für die Buttercreme

Espressopulver
1 l Milch
150 g Zucker
3 Pck. Vanille-
  puddingpulver
500 g zimmerwarme
  Butter

Zum Dekorieren

200 g gehobelte Erdnüsse
Puderzucker

Zubereitung

Eiweiße mit Salz und Zucker sehr steif schlagen. Zimt, Nüsse und Weizenstärke mischen und unter den steifen Schnee heben.

Den Backofen auf 140 °C Heißluft (Umluft) vorheizen.

Aus der Teigmasse sechs Tortenböden backen: Dazu die Masse in sechs Portionen teilen und mit Hilfe eines Backrings direkt auf ein mit Backpapier belegtes Blech oder Bodenblech einer runden Springform (26 cm Durchmesser) streichen. Dann die Böden 40 Minuten backen. Je nach Herd und Zahl der Backbleche braucht man dafür zwei bis drei Durchgänge. Die Böden am besten über Nacht auskühlen lassen.

Für die Füllung zwei Tassen Espresso kochen und abkühlen lassen. Aus Milch, Zucker und Puddingpulver einen Pudding kochen, ebenfalls abkühlen lassen. Die Butter mit dem Rührgerät aufschlagen. Dann den Pudding unterrühren, zuletzt den Espresso.

Die Böden abwechselnd dünn mit der Buttercreme bestreichen und aufeinanderschichten. Etwa 1/3 der Creme zurückbehalten und damit nach dem Zusammensetzen die gesamte Torte oben und am Rand bestreichen.

Die gehobelten Erdnüsse in einer Pfanne ohne Fett anrösten und auf der Creme verteilen.

Torte über Nacht ziehen lassen.

Vor dem Servieren mit Puderzucker bestreuen.

Die Torte hält etwa drei Tage und kann gut vorbereitet werden.

Brigitte Wüster

Die Keramikerin setzt auf Ton pur

Es war die Erde, über die Brigitte Wüster in ihren Beruf fand. Sie mochte es, wenn sie als Kind in den Ferien bei ihrer Großmutter auf dem Land weilte und die Felder frisch umgegraben waren. Zu Hause, in Oberföhring, stromerte sie oft in einer stillgelegten Ziegelei herum. Die Erde, der gebrannte Ton – da war es naheliegend, dass sie sich Jahre später an der Kunstakademie in einen Keramikkurs einschrieb, als sie mit ihrem Mann nach Genf zog. Sie hatte gerade ihr VWL-Studium abgeschlossen und wollte sich einen Job bei einer internationalen Organisation suchen. Doch nach einem mehrmonatigen Praktikum merkte sie, dass sie sich in diesen Strukturen unwohl fühlen würde, so formell gekleidet und den ganzen Tag sehr theoretisch arbeitend.

Auf den Kurs an der Kunstakademie folgte 1993 ein Studium an der Ecole supérieure d'arts appliqués. Die ersten Wochen empfand Wüster als extrem stressig: weil im Gegensatz zum VWL-Studium nicht konkret gesagt wurde, was sie machen sollte. »Man sollte etwas Nicht-Banales aus seinem Inneren holen. Etwas in sich finden, von dem man noch nicht weiß, was das ist«, erzählt sie. »Aber von diesen ersten Wochen zehre ich bis heute.«

Mit der Wahl des Studienzweigs stellte die gebürtige Münchnerin die Weichen für ihr späteres Schaffen. Sie entschied sich nicht für das »Drehen«, das Anfertigen von Tonwaren auf der Töpferscheibe, sondern für den Zweig »Skulptur«. Dort lernte sie drei Techniken kennen, wie man mit Ton arbeiten kann. Zunächst das Pinchen: Eine Tonkugel ist das Ausgangsmaterial, daraus formt und drückt man ein Gefäß oder eine Skulptur, ohne weiteren Ton hinzuzufügen. Zudem das Aufbauen einer Skulptur mit Tonplatten, die man ausrollt wie einen Teig, und als dritte Technik den Aufbau mit Wülsten. Wüster blieb bei den Wülsten: Sie rollt den Ton zu dünnen Würsten, zupft sie in die entsprechende Länge und setzt dann einen Wulst auf den anderen. So wie ein Maurer Stein auf Stein setzt, um eine Wand zu errichten, so setzt sie Wulst auf Wulst, bis eine Vase, eine Skulptur entstanden ist. Eine unendliche Geduldsarbeit.

BRIGITTE WÜSTER
Dorfstraße 11 • 82418 Hofheim • Tel. 0175/478 92 97
www.brigitte-wuester.com • Instagram @brigittewuesterceramics
Termine nach Vereinbarung; Keramikkurse auf Anfrage

Manchmal sind die Wülste im fertigen Objekt sichtbar: winzige Würstchen, nur zwei, drei Zentimeter lang und millimeterdünn – wie kleine Raupen liegen sie übereinander, nebeneinander, zu einer zylindrischen oder bauchigen Vase aufgebaut. Ein ganzer Tag Handarbeit steckt in einem solchen Werk. Am besten ohne Pause: »Wenn ich Pause mache oder erst am nächsten Tag weiterarbeite, sieht man das«, findet Wüster. »Ich kann nachträglich nichts verändern oder hinzufügen.«

Nach zwölf Jahren in Genf zog Wüster mit ihrer Familie nach Bonn, gab dort Keramikkurse und schloss sich der Künstlervereinigung »gedok« an, dem europaweit größten Netzwerk für Künstlerinnen aller Gattungen mit dem Ziel, Frauen, die im künstlerischen Handwerk arbeiten, zu fördern. Sie setzte ein Masterstudium drauf, dann erhielt ihr Mann ein Jobangebot in Abu Dhabi – Wüster und ihr Atelier zogen mit. 2018 brachte sie das Leben an den Riegsee, in die Heimat ihrer Vorfahren. Hier teilt sie sich ein Atelier mit Ralf Burger (siehe ab S. 90).

Blau, weiß, ocker, anthrazit sind Brigitte Wüsters Arbeiten, doch gefärbt ist nichts, die Farbe gibt der Ton vor. Glasiert wird nur ganz selten. »Ich bin am zufriedensten, wenn ich nur aus einem einzigen Material etwas mache.« Ein Lehrer sagte einmal zu ihr, ihre Arbeit sei »Schwarzbrot«. »Für mich war das ein großes Kompliment: Denn ich liebe richtig gutes Brot und brauche nicht die Wurst dazu, damit es schmeckt.« Die Wurst – in diesem Fall die Glasur.

Ihre Vasen und Objekte dreht Brigitte Wüster nicht an der Töpferscheibe, sondern sie baut sie von Hand auf, wie Skulpturen. Gefärbt wird nichts: Will sie ein Gefäß in einer bestimmten Farbe gestalten, wählt sie dafür den entsprechenden Ton.

Will Wüster Gefäße mit verschiedenen Farben gestalten, mischt sie verschiedene Tonsorten. Jeder hat eine andere Haptik, jeder verhält sich unterschiedlich: Der eine Ton ist fetter und braucht keinen »Schlicker«, also keinen Kleber, um aneinander zu haften. Ist Schamott eingearbeitet – kleine gebrannte Tonstückchen –, gibt das dem Ton mehr Stabilität, und die Struktur wird lebendiger. »Ich suche viel, bis ich das Material finde, das für die Arbeit passt, die ich machen möchte«, sagt Brigitte Wüster. Hellen, wüstensandfarbenen Ton suchte sie für ihre orientalischen Ornamente, die an Abu Dhabi erinnern. Zweidimensional hängt eine Rosette an der Wand – die Keramikerin holte das zweidimensionale Ornament in den dreidimensionalen Raum. Die Rosette bekam einen becherartigen Unterbau und wirkt auf einmal etwas technisch, wie ein Zahnrad oder eine Hutmutter, streng geometrisch.

Um nicht im Gewohnten zu verharren, sondern stets Neues aus ihrem Inneren zu holen, beteiligt sich Brigitte Wüster an zwei, drei Aus-

Brigitte Wüsters Tipps

Einmal um den Riegsee wandern. Oder am Campingplatz Riegsee in der Seestube einkehren und auf der schönen Terrasse mit Blick auf den See sitzen. Oder ums Eck hinter dem Atelier Minigolf spielen – ist das Kassenhäuschen geschlossen, wirft man das Eintrittsgeld in eine Box.

stellungen pro Jahr. Gerade arbeitet sie mit einer Fließtechnik, die ihr im Gegensatz zum geduldstrapazierenden Aufbau mit Wülsten geradezu spielerisch erscheint: In eine Schalenform gießt sie etwas flüssiges Porzellan, dann neigt sie die Schale ein wenig in verschiedene Richtungen, sodass das Porzellan an die Ränder der Schale schwappt und dort antrocknet. Zarte weiße Schälchen entstehen, flache, gewölbte. Es scheint fast, als schwebten sie im Regal, wie Seerosenblüten auf einem Teich. Oder doch auf der Erde?

Ralf Burger

Der Keramiker wollte auf dem Landweg nach Japan

Seine Wanderjahre sollten Ralf Burger nach Japan führen. Es war das Land seiner Sehnsucht, seit er als Kind Judo lernte und ihm sein Trainer nicht nur den Kampfsport nahegebracht hatte, sondern auch die Kultur dieses asiatischen Lands. Bis er dorthin gelangte, musste er aber so manchen Umweg gehen.

Nach dem Abitur 1991 begann Burger in München Physik zu studieren, doch die Naturwissenschaft auf Dauer zu seinem Beruf zu machen, erschien ihm bald zu unkonkret. So zog er drei verschiedene Ausbildungen in Erwägung: Goldschmied, Kunstgießer oder Keramiker. Drei Berufe, in denen Hitze und Feuer eine Rolle spielen: »Das Feuer begeistert mich von allen Elementen am meisten.« Für die Keramik entschied sich Burger letztlich, weil er von einem Keramiker gehört hatte, der sämtliche Rohstoffe, vom Ton bis zu den Gesteinsmehlen für die Glasur, selbst ausgegraben haben sollte. »Das hat mich fasziniert: Ich wollte von Anfang bis Ende alles selbst machen.« Zudem ist einer der Sehnsuchtsorte für

Keramiker: Japan. Dort genießen Keramiker (wie auch andere Kunsthandwerker) sehr hohes Ansehen, regelmäßig werden Personen, die eine traditionelle Kunstfertigkeit herausragend fortführen, zum »Lebenden Nationalschatz« ernannt. Mittlerweile hat Ralf Burger mehrere von ihnen kennengelernt.

Nach seiner Lehre in Eichenau stellte Burger ein Jahr lang Ofenkacheln her, jobbte in einer Gärtnerei, bevor er sich auf Wanderschaft begab: Auf dem Landweg wollte er nach Japan. Sein Plan: Zuerst in der Türkei einige Monate bei Keramikern wohnen und arbeiten, dann in Georgien, Aserbaidschan – immer weiter ostwärts, bis er in Japan angekommen wäre. In der Türkei lernte er in winzigen Keramikdörfern wie dem westtürkischen Kınık Köyü nicht nur Türkisch, sondern auch das schnelle Arbeiten an der Scheibe: Schließlich wurde er nicht pro Stunde bezahlt, sondern pro Stück. In Menemen, nahe Izmir, drehte er serienmäßig Blumentöpfe für deutsche Bau- und Gartenmärkte, reiste weiter nach Avanos in Kapadokien, wo er einen Holz-Brennofen für einen

RALF BURGER
Dorfstraße 11 • 82418 Hofheim • Tel. 08847/29 39 79 96 oder 08841/489 54 90
www.keramik-burger.de • Instagram @ralf_burger
Termine nach Vereinbarung; Keramikkurse für kleine Gruppen

Ralf Burgers Tipps

Vom P+R-Parkplatz Eschenlohe durchs Murnauer Moos bis zum Langen Köchelsee spazieren. Oder von Aidling zur Höhlmühle und zurück wandern.

Töpfer baute – traditionell brannten die türkischen Keramiker mit Gasöfen.

Die Schwierigkeiten begannen, als Burger weiterziehen wollte und für Georgien und Aserbaidschan nur tageweise Transit-Visa bekam. Das Ziel Japan schien in weite Ferne zu rücken. Doch wie es das Schicksal wollte, hatte der Bayer in der Türkei auch eine japanische Keramikerin kennengelernt, und als diese den Heimflug antrat, begleitete er sie. So lernte er im Keramikdorf Shigaraki, in der Präfektur Shiga, die japanische Töpferkunst kennen. Zu arbeiten gab es dort für ihn allerdings nur wenig. »Wenn du kein Japanisch sprichst, gibt es nur

Hiwi-Jobs. Es sei denn, du zahlst etwas für deine Ausbildung.« Letztlich arbeitete er für einen amerikanischen Töpfer, brachte erwachsenen Japanern Deutsch bei, schnappte ein paar Brocken Japanisch auf, besuchte einige Töpferorte.

Auf der Rückreise nach Deutschland, ein Jahr nach dem Beginn seiner Wanderschaft, folgte noch ein kurzer Zwischenstopp im malayischen Dschungel: »Die freuten sich, dass sich jemand für ihre Keramik interessierte, aber sie fertigten ihre Arbeiten nicht an der Drehscheibe, sodass ich da nicht helfen konnte.«

In Deutschland fand Ralf Burger einen Job als Hafner in den Keramikwerkstätten im Freilichtmuseum Glentleiten. Dort dreht er auch heute noch das traditionelle Geschirr, das dem Kröninger Geschirr nachempfunden ist: Es stammt aus einer Hügellandschaft in der Nähe von Landshut, die reich an Tonerde ist. Nebenbei arbeitet er als freiberuflicher Keramiker. Mit dem Brand im Elektroofen versucht er eine Holzofen-Optik zu erzeugen, als wäre die Kera-

mik dort gebrannt worden: »Ein bisschen bla-
sig, ein bisschen schwarz.« Eine Reminiszenz
an Japan, wo vorwiegend im Holzofen gebrannt wird. Und auch das hat er sich von den
Japanern abgeschaut: eine »wildere, nicht exakt gerade Keramik«. Die Handarbeit soll sichtbar sein: »Die japanische Keramik orientiert
sich an der Natur, deshalb scheint sie oft un-
perfekt und etwas unsymmetrisch.« Daher
hebt Burger seine Teller und Vasen auch ganz
bewusst mit den Händen von der Drehscheibe,
so entstehen von den Fingerabdrücken kleine
Dellen im feuchten Ton. Verbeult sieht es bei
den Vasen aus, wie ein kleiner Ausguss bei den
Tellern. Seine Schalen, Teller, Becher sollen sich
»cremig« anfühlen, auch nach dem Brennen,
und damit meint er dickwandig, satt und doch
irgendwie weich. »Ich mag den haptischen,
eher cremigen Charakter lieber als das Fragile.« Das Fragile findet sich bei Brigitte Wüster
(siehe ab S. 86), mit der er sich das Atelier teilt.

Für den Keramikverein kalkspatz e. V. organisierte er Seminare, lud Töpfer aus England,
den USA und Japan ein, organisierte eine Reise
nach Wales zum großen Keramikfestival.
Freunde baten ihn daraufhin eine Keramikreise
nach Japan zu organisieren: Ein-, zweimal im
Jahr fliegt er nun mit Sammlern, Töpfern und
Interessierten ins Land der aufgehenden Sonne. Sie besuchen Werkstätten, besichtigen
Kunst- und Keramikmuseen. Und trinken mit
den Japanern gemeinsam Tee, essen zu Abend:
»Das sind ganz private Reisen, wie wenn man
zu Freunden fährt.« So dauern die Lehr- und
Wanderjahre bis heute an.

Wenn Ralf Burger seine Teller, Schalen und Vasen von der Drehscheibe hebt,
hinterlassen seine Finger kleine Dellen im feuchten Ton. Diese leicht verbeulte,
unsymmetrische Optik hat er sich von den japanischen Töpfern abgeschaut.

Susanne Winter

Die Textilkünstlerin mag es, wenn sich Material verändert

Als das Haus, wie Susanne Winter sagt, »aus allen Nähten platzte«, da konnte die Textilkünstlerin mit Nadel und Faden nicht viel ausrichten. Also baute sie im Garten ein kleines Atelier: In einem Regal ist Platz für ihre Garne und Stoffbilder, neben dem Eingang stehen Rollen von weißem Vlies. In den Raum ragt ein großer Arbeits- und Zuschneidetisch, daneben steht die Nähmaschine, bodentiefe Fenster geben den Blick auf den Garten frei: auf das Grün des Zwetschgenbaums, das Lila des Sommerflieders. Es war, als säße Susanne Winter auf einmal inmitten der Natur. Sie kam nicht ins Nähen, in dieser farbsatten Welt. Deshalb holte sie sich die Natur ins Atelier, kochte Brennnesseln zu einem braungrünen Tintengemisch, schwarze Johannisbeeren ergaben ein tiefes dunkles Rotbraun, mit Kurkuma erzeugte sie Gelb, Eichelhütchen wurden zu Grau. Auf dem Boden des Ateliers breitete sie Papiere aus, schüttete die Farben darauf und ließ sich auf die Formen und Kleckse ein, die dabei entstanden. Sie merkte, dass schütten nicht gleich schütten ist, dass man schnell schütten kann und langsam. Gießen, spritzen. Viel Farbe, wenig Farbe. So viele Möglichkeiten, die Farben von draußen drinnen neu zu komponieren.

Diese Schüttbilder fertigt Winter nun im Sommer neben ihren textilen Werken an: den Fadenzeichnungen, Stoffbildern und Raumteilern. Da ist die Serie »weiße Punkte«: Mit weißem Garn näht die Künstlerin einen Kreis auf cremefarbenes Papier, füllt ihn aus, mit millimetergroßen Stichen. Das Papier wölbt sich, bildet Berg und Tal. Manchmal sieht ein Kreis aus wie ein Vulkan, manche Kreise sind flach, fast glatt und füllen nahezu den ganzen Bogen. »Die Nadel zerstört das Papier, an die Stelle des Papiers tritt das Garn. So findet ein Übergang von Papier zu Textil statt«, erklärt die gebürtige Unterfränkin.

Für jedes Bild verwendet sie die gleiche Menge Garn, zwei Unterfadenrollen voll: Eine Symmetrie, die in den Bildern nicht sichtbar ist, aber, so Winter: »Man spürt sie. Sie beeinflusst die Serie.« Jedes Bild ist anders. »Das Garn sucht sich seinen Platz, schiebt das Papier auseinander und dadurch bewegt es sich.« Es entstehen Erhebungen, Würfe, die Susanne Winter weiter

SUSANNE WINTER
Am Leitle 2 • 82418 Riegsee • Tel. 0163/678 19 88 • www.winter-textileobjekte.de
Termine nach Vereinbarung

herausarbeiten kann, indem sie verstärkt an dieser Stelle näht. Wenn sich das Papier wölbt und verwirft, dann gleichen die »Fadenzeichnungen« eher »Fadenlandschaften«.

Dass Susanne Winter mit Papier arbeitet, hat nichts mit ihrem Mann, dem Papierkünstler Johannes Volkmann (siehe ab S. 98) zu tun. Sie findet, am Papier zeige sich ebenso wie bei Textilien, wie sich die Eigenschaften eines Materials verändern, wenn man es weiterverarbeitet: Faltet man Papier wie eine Ziehharmonika, trägt es sogar kleine Gegenstände wie Bleistift oder Lineal. Verspinnt man Wolle, erhält man ein Garn oder Fäden. Je weiter man die Fäden verwebt und verstrickt, desto fester wird die Struktur.

Wissen, das sie weitergibt: Susanne Winter ist Fachlehrerin für Textilarbeit und Werken und studierte dann an der Akademie der Bildenden Künste in Nürnberg Textilkunst; 1993 schloss sie das Studium mit Diplom und als Meisterschülerin bei Professor Hanns Herpich ab. Ihr Studium finanzierte sie sich als Kostümbildnerin am Neuen Musiktheater Erlangen. Doch statt Kleidern wollte sie später lieber Objekte nähen, als freischaffende Künstlerin. Als von einer Theaterproduktion ein Stück Filz übrig blieb, nähte sie sich daraus eine Tasche – die war schnell so gefragt, dass Susanne Winter einen ganzen »Lebens-Arbeitsabschnitt« mit dem Anfertigen von Taschenkollektionen verbrachte. Zeitgleich hatte sie Lehraufträge an verschiedenen Instituten und Universitäten. Seit 2008 unterrichtet sie angehende Textildesigner an der Hochschule Hof.

Ihre Fadenzeichnungen fertigt Susanne Winter mit der Nähmaschine an: weißes Garn auf weißem Papier. Es entstehen Würfe, Erhebungen, Wölbungen. In ihrem Atelier experimentiert die Textilkünstlerin auch mit Naturfarben, die sie selbst herstellt.

Der Rest der Zeit gehört der Kunst: Wie zarte flache Schachteln wirken ihre dreidimensionalen Stoffbilder aus hauchdünnem Baumwollstoff. Darauf gedruckt eigene Fotografien: das Eis des zugefrorenen Froschhauser Sees, schwarzgrau, mit weißen Linien und Punkten; das Stofflager eines Inders, die leuchtenden Stoffballen akkurat gestapelt. Nur vier, fünf Zentimeter hoch ist der Rand, das Bild so zart und filigran, als könne es ein Hauch von der Wand pusten.

Aus dem Vlies, das neben der Eingangstür steht, schneidet die Künstlerin Streifen, faltet, biegt und vernäht sie zu Schlaufen und Schlingen, die dann als Wandbild direkt vor Ort angebracht werden. Entstanden sind diese Arbeiten, weil sie für eine neurologische Praxis ein Wandbild anfertigen sollte und die Strukturen und Verknüpfungen im Gehirn darstellen wollte.

Oft führt das eine zum anderen, wenn man der Kunst den Raum gibt, sich zu entfalten. Als Luxemburg 2007 europäische Kulturhauptstadt war, bekam Winter den Auftrag, für eine

Susanne Winters Tipp

Unter info@winter-textileobjekte.de kann man sich für das Projekt »eingeladen« anmelden: exklusive Ausstellungen, zu denen Susanne Winter und Johannes Volkmann Gruppen von 20 Leuten gegen einen kleinen Kostenbeitrag empfangen und Einblicke in ihre Arbeiten geben.

Rotunde sechs Objekte zu bauen, die Lichtobjekte, Wegweiser, Raumteiler und Bühnenelemente zugleich waren. Zurück am Riegsee wurden daraus Raumteiler nach Maß für private Kunden.

Genäht wird auf vier verschiedenen Nähmaschinen: einer Gardinennähmaschine, zwei normalen Haushaltsnähmaschinen. Die große, mit der Susanne Winter dicke Stoffe nähen kann, steht noch im Wohnhaus. Würde sie die ins Atelier tragen, würde auch dieses aus allen Nähten platzen.

Johannes Volkmann

Der Papierkünstler arbeitet lieber mit Menschen als allein im Atelier

Manchmal braucht es nur die richtige Idee, dann ergibt sich der Rest fast von alleine. Dann wird die Idee groß, reist um die Welt, gebiert einen neuen Einfall. Für die zündende Idee von Johannes Volkmann genügte eine einzige Rolle Papier, der Rest einer Druckerei, die da am Figurentheater-Kolleg in Bochum herumstand.

Weil er lieber mit Menschen Kunst und Kunstprojekte gestalten wollte, als daheim allein im stillen Atelier zu werkeln, besuchte Johannes Volkmann 1993 nach seiner Holzbildhauerlehre in Oberammergau das Figurentheater-Kolleg. Beim Figurentheater können nicht nur Handpuppen und Marionetten zu Hauptdarstellern auf der Bühne werden, sondern auch Objekte wie Tassen, Steine, Stöcke und auch alle Materialien wie Ton, Holz oder Papier. »Man animiert totes Material«, erklärt Volkmann das Konzept.

Volkmann erweckte die übrig gebliebene Papierrolle zum Leben: »Ich habe mit dieser Rolle experimentiert und gemerkt, dass man daraus ein eigenes Theater kreieren kann.« Er wickelte sie ab – drei, vier Meter in die Breite, zwei Meter hoch – und hatte eine Leinwand, mit der er spielte. Schnitt ein quadratisches Fenster hinein, rollte das Quadrat auf, klebte es zusammen, malte Punkt, Punkt, Komma, Strich darauf – und hatte eine Papierfigur. Und gleichzeitig die erste Szene. Die Geburtsstunde des Papiertheaters. Mit Johannes Volkmann als künstlerischem Leiter.

Das war 1996. Seither wird ausgeschnitten, ausgerissen, gefaltet, mit Licht und Schatten gespielt, das Papier beschrieben, bemalt, bekritzelt. Je nach Stück – denn so beliebig das klingt: Hinter jeder Papierleinwand steckt ein durchkomponiertes Stück, eine Inszenierung, eine Handlung. Ab und zu ist auch Text im Spiel (im Wortsinn), »aber im Vordergrund steht die bildnerische, künstlerische Arbeit mit Papier«.

Mal ist Volkmann der Regisseur, mal engagiert er einen Theaterregisseur, mal ermuntert er Kinder, Regie zu führen. »Im Theater betreibt man zusammen Kunst, im Gegensatz

JOHANNES VOLKMANN

Am Leitle 2 • 82418 Riegsee • Tel. 0911/36 18 97 (die Nummer seines Nürnberger Ateliers wird auf sein Handy umgeleitet) • www.daspapiertheater.de
Termine nach Vereinbarung; Anmeldung zur privaten Ausstellungsführung
»eingeladen« per E-Mail (s. Tipp bei »Susanne Winter« ab S. 94)

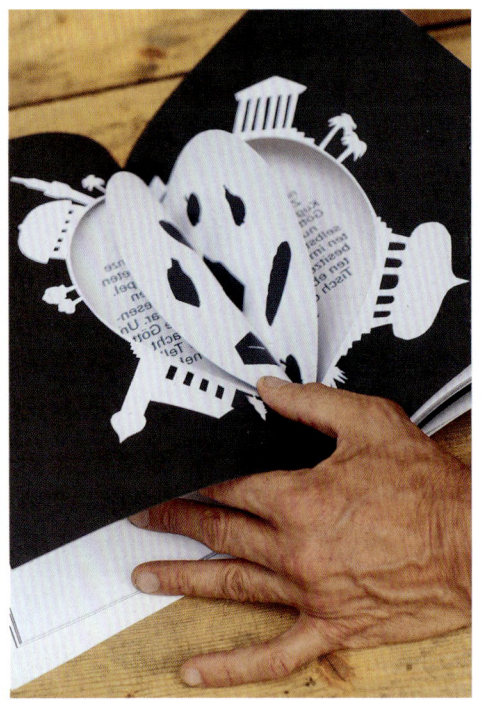

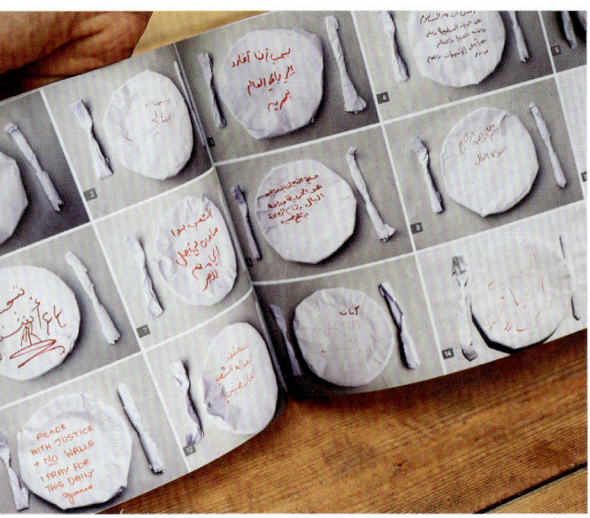

zur Bildenden Kunst.« Sein mittlerweile elfköpfiges Team wechselt je nach Inszenierung: Mal ist ein Komiker aus München dabei, mal sind es Tänzer aus Bremen, oder es kommt ein Geschichtenerzähler aus Azberg oder seine Frau, die Textilkünstlerin Susanne Winter (siehe ab S. 94), mit der er das Stück »verflixt und zugenäht« entwickelt hat: In die Papierwand werden zwei Fenster geschnitten, aus jedem Fenster kommt eine Hand, dann versuchen die Hände, ein Garn durch ein Nadelöhr zu fädeln. »Diese Szene kann schon mal zehn Minuten dauern.« Mal ist ein Musiker-Trio involviert: Dann ist ein Geigenbogen im Schatten zu sehen, ein Loch wird ausgeschnitten, der Bogen streicht durch das Papier – es klingt. »Ich suche Künstler aus, die im Papiertheater ihre eigene Kunst neu zur Geltung bringen.«

Mit dem Papiertheater wurden Volkmann und sein kleines Team in alle Welt eingeladen: von den Goethe-Instituten Moskau, Kiew und Washington, von Kunst- und Theaterfestivals nach Teheran und Hongkong, von Theaterhäusern in Bochum, Antalya, Quito. Auch von Privatleuten. Nach 25 Jahren »Papier« hat Volkmann, der Holzbildhauer, dann auch mit Holz experimentiert: Für die Holztheater-Inszenierung braucht es statt Schere und Cutter nun Stichsäge und Bohrmaschine – und das Stück bekommt sofort eine andere Theatralik.

Aus den Themen der Inszenierungen entstehen Bücher in Volkmanns eigenem Verlag »Erlesene Bücher«: Jedes Buch ist ein Unikat, wäre ja langweilig sonst. Wie auf der Bühne legt das Papier bei jedem Umblättern Überra-

Aus vielen Inszenierungen wurden Bücher: Bei jedem Umblättern zeigt sich Überraschendes. Auch die Installation »Unbezahlbar« ist in einem Buch verewigt: Besucher notierten auf eingewickeltem Geschirr und Besteck, was für sie unbezahlbar ist.

schungen frei: Die Seiten lassen sich aufklappen, es sind Löcher gerissen, das Papier ist geknickt.

Parallel zu den ersten Jahren mit dem Papiertheater setzte Johannes Volkmann an der Akademie der Bildenden Künste in Nürnberg das Studium Kunst und öffentlicher Raum drauf. Mit Nürnberg ist er immer noch eng verbunden, zusammen mit seiner Frau Susanne Winter und weiteren Künstlern hat er dort noch heute ein Atelier – neben dem in seinem Wohn- und Arbeitsort Riegsee.

Der Raum, wo seine Kunst entsteht, ist zweitrangig, was zählt, ist, dass er der Kunst Raum gibt. Die großen Fragen des Weltgeschehens und des gesellschaftlichen Zusammenlebens werden zu eigenen Projekten (die er »Gesellschaftsinszenierungen« nennt) neben

J. Volkmanns Tipps:
Den Alpakahof Riegsee gegenüber dem Atelier besuchen und dort eine Alpaka-Wanderung buchen. Und im gut sortierten Laden »Beim Kramer« einkaufen.

den Papiertheater-Stücken. Die Banken- und Finanzkrise von 2008/2009 warf in Volkmann die Fragen auf »Was ist lebenswichtig jenseits des Geldes?«, »Was ist unbezahlbar?«, »Was macht uns satt und füllt unsere Teller?«. Auf Nürnbergs Hauptmarkt vor dem Rathaus stellte er eine 50 Meter lange Tafel auf, deckte den Tisch mit Teller und Besteck, das in Papier gewickelt war, und lud die Passanten ein, auf die Teller zu schreiben, was für sie unbezahlbar ist.

Daraus entstanden Postkarten – so konnte man unbezahlbare Gedanken verschicken. Dann reiste die Tafel um die Welt, in andere Kulturkreise, andere Religionen, andere politische Systeme. Nach Ägypten, Israel, Palästina, nach Mumbai, Barcelona, Irland. Vier Jahre lang. Alle beschriebenen Tellerpapiere hat Volkmann gesichtet und archiviert. So unterschiedlich die Reiseziele, so ähnlich viele Werte. Eines der wichtigsten Anliegen der Tellerschreiber war: »Dass es unseren Kindern gutgeht.«

Für Volkmann der Auftakt zu einem neuen Projekt: Er fragte: »Was brauchen die Kinder, damit es ihnen gutgeht? Was wünschen sie sich?« Der Künstler entwarf ein Fragebuch mit dem Titel »Konferenz der Kinder«: 1000 Kinder in 30 Ländern beantworteten Fragen wie »Was findest du gut an deiner Welt?«, »Was bereitet dir Sorge?« oder »Wo wohnt für dich das Glück?«. Am Ende organisierte er eine »Gipfelkonferenz der Kinder« mit 80 Kindern aus elf Ländern. Auf dem Gipfel fanden die Kinder die schlichte und zugleich große Antwort: Kinder wünschen sich eine friedliche Welt. Und wieder führten diese Ergebnisse zu neuen Arbeiten: Frieden und Gerechtigkeit stehen im Mittelpunkt von Volkmanns aktueller Kunst. Für die »Skulpturen des Friedens« geben Kinder weltweit ihre Plastikwaffen ab (rüsten sich also selbst ab), und Volkmann baut daraus vier Meter hohe Säulen. Die, natürlich, wieder auf Reisen gehen. Seine Vision: Am Ende soll aus all diesen Säulen ein Tempel der Entwaffnung entstehen. Der all denen für immer offenstehen soll, die ihre Waffen abgeben und das Abrüsten weitertragen wollen.

Außerdem entwickelte er im März 2022 mit 600 Kindern aus acht Ländern auf einer Online-Konferenz »Verkehrsschilder der Gerechtigkeit«: Acht Motive auf verfremdeten Straßenschildern zeigen beispielsweise, dass Krieg in eine Sackgasse führt, Umweltverschmutzung gestoppt werden muss und Männer und Frauen gleichberechtigt sind. Eine Woche vor dem G7-Gipfel in Elmau 2022 stellten alle Gemeinden im Blauen Land 14 Tage lang 200 dieser Schilder auf. Einige wurden danach angekauft und dauerhaft verankert: in Murnau z.B. vor dem Bahnhof, im Kurpark, vor dem Schloßmuseum. Für Volkmann sind diese Schilder »ein Zeichen für eine offene, freie, demokratische Gesellschaft«. Aufstellen kann sie jeder in seinem Garten, vor seinem Geschäft. Die Kosten: 180 Euro pro Schild.

Volkmann nennt seine Projekte »künstlerische zusammenhängende Erzählungen, die seit Jahren aufeinander aufbauen«. Im besten Fall braucht es dafür nicht viele Worte. Nur ein bisschen Papier – oder ein Schild.

Neben Papiertheater setzt Johannes Volkmann auch auf aktuelle gesellschaftliche Themen: Zusammen mit 600 Kindern aus acht Ländern gestaltete der Künstler die »Verkehrsschilder der Gerechtigkeit«. Jeder kann sie auf seinem Grundstück aufstellen.

Kochelsee

Café ASTWERK

In Lisi Haimerls Ladencafé fühlen sich viele Gäste wie daheim

Wenn Lisi Haimerl in einer fremden Stadt zum Frühstücken gehen möchte, kann es sein, dass ihr Partner etwas missmutig wird, weil sie ein Café nach dem anderen links liegen lässt. So lange, bis sie das eine gefunden hat, das ihr zusagt, bei dem Deko, Karte und Interieur stimmen. Schließlich sucht sie die besondere Location, so wie auch ihr *Café ASTWERK* seinen ganz eigenen Charme hat.

Dabei war das mit dem Café gar nicht so geplant. Aber so manches in Lisi Haimerls Leben kam anders als geplant. Als es mit ihrer eigentlich vereinbarten Lehrstelle zur Schneiderin nichts wurde, weil der Betrieb kurz davor dichtmachte, wurde die gebürtige Benediktbeurerin eben Kaminkehrerin. Weil ein Bekannter eine freie Lehrstelle wusste. So stieg sie jahrelang den Münchnern aufs Dach, kehrte Schornsteine und überprüfte Heizungen. Als sie schwanger wurde, gab sie das Schornsteinfegen auf und richtete im Supermarkt, den ihr damaliger Mann in Iffeldorf betrieb, eine Abteilung für Kinderbekleidung ein.

Jahre später trat ein neuer Mann in ihr Leben. Dieser, ein gelernter Schreiner, baute sich in Benediktbeuern eine Werkstatt, wo er Acrylglas verarbeitet. »Dann lass mich in dem Haus einen Laden für Dekoartikel einrichten«, bat Lisi, schließlich träumte sie schon lange davon, so einen Laden zu führen. Sie liebt es, in Wohnzeitschriften und Wohnbüchern zu blättern, Tische mit Naturmaterialien zu dekorieren. Sie sieht sich auch gern die Fernsehsendung *Das perfekte Dinner* an – nicht wegen der Rezepte, sondern wegen der Einrichtung und der Deko. Manchmal fragt sie Bekannte sogar, ob sie ihr Haus besichtigen dürfe.

Zudem könne Benediktbeuern so einen Laden vertragen, fand sie: »Wenn man ein Geschenk suchte, musste man immer nach Murnau, Penzberg oder Bad Tölz fahren.« Ihr Partner Hans schreinerte die komplette Inneneinrichtung für ihren Laden: zimmerte Tische, Bänke und Regale aus Gerüstbauholz, baute Tresen und Verkaufstisch aus alten Steg-Bohlen vom Chiemsee. Schlicht und schön, so wie die Körbe und Kerzenhalter, die Tassen und

---

ASTWERK CAFÉ & WOHNACCESSOIRES
Georg-Merz-Straße 12 • 83671 Benediktbeuern
Tel. 08857/698 57 72 • www.astwerk-cafe.de • Instagram @astwerk_cafe
Öffnungszeiten: Mi–Sa 14–18 Uhr, Fr 14–22 Uhr; an Feiertagen geschlossen

Lisi Haimerls Tipps

Eine Wanderung am Lainbach entlang bis hinauf zur Tutzinger Hütte. Oder einen der vielen Erlebnispfade rund um Benediktbeuern entdecken: Klangpfad, Barfußpfad, Gehölzpfad oder Hörpfad.

Teller, Schalen und Vasen, die Lisi Haimerl verkauft: Steingut der schwedischen Firma *Ernst* in Weiß, Hell- und Dunkelgrau – auf die Tassen und Schalen ist der schwedische Satz »idet enkla bor det vackra« geprägt, was so viel heißt wie: »Im Einfachen liegt das Schöne«. Kissen, Servietten, Kerzen, in matten Grün- oder Fliedertönen; kleine cremeweiße Vasen, Taschen aus waschbarem Papier, genäht im toskanischen Lucca. Manche Kunden kommen extra wegen ihrer Steingutbecher der Firma *Eulenschnitt*, die in Portugal gefertigt werden und auf die Worte wie »Glücklich« oder »Cof-

fee Lover« gestempelt sind. Alles in Naturtönen. »Bei mir im Laden sieht man wenig Farbe«, sagt Lisi, »ich mag die Erdfarben, ich bin ein natürlicher Typ.« Das Sortiment müsse auch zum Ladenbesitzer passen, sagt sie und erzählt von einer Freundin, die in Miesbach den Laden *Elisabeths Platzerl* betreibt: Da gebe es alles in Pink. Weil das deren Lieblingsfarbe sei.

Weil das *ASTWERK* mitten im Benediktbeurer Gewerbegebiet liegt und damit ein bisschen abseits, fand Lisi Haimerl, müsste es für die Kunden auch ein wenig Kaffee und Kuchen geben. Sie kaufte eine Siebträgermaschine, besuchte einen Barista-Kurs, um das mit dem Milchschaum zu lernen. Regional, überschaubar und besonders ist, was auf ihrer Karte steht: Eis vom *Beindlhof* in der Nähe von Lenggries, Rosmarin-Limo von *matdrinks* aus Bad Tölz, Kaffee der *Murnauer Kaffeerösterei*, das Craftbier »Wuide Hehna« vom *Hoppebräu* in Waakirchen, Tee von *Bioteaque* aus Traunstein. Dazu die Kuchen, gebacken von ihrer

Mitarbeiterin Bini. Ein Klassiker ist der Apfel-
streusel – das Rezept stammt von Binis Oma
und ist streng geheim, nicht einmal Lisi Haimerl kennt es.

Auf dem Tisch stehen ein paar Margeriten
in leeren Flaschen der Rosmarin-Limo. Feuer-
holz neben dem Kamin, Schaffelle auf den
Bänken. Die Äste, die dem Café seinen Namen
gaben, dienen im Ladencafé als Vorhangstange,
als Lampe, um die ein Kabel samt Glühbirne
geschlungen ist, als Halter für Klopapier. Und
zwischendurch immer mal wieder eine Deko-
Idee, die Lisi Haimerl aus dem Urlaub mitgebracht hat: In der Ecke mit den Accessoires in
Grüntönen baumelt z.B. das Blatt einer Kak-
tusfeige – Lisi hat ein Loch durchgebohrt und
zum Aufhängen ein Seil durchgezogen, so wie
sie es in Apulien gesehen hat.

Neben der Terrassentür, die in den Garten
führt, stehen Töpfe mit frischen Kräutern, Thy-
mian, Salbei, Rosmarin – hier erntet sie die
Zweige für den Rosmarin-Spritz. Vor der Holz-
bank an der Hauswand eine große Feuerscha-
le. Weil die Lage am Rand des Moors einzigartig
ist und die Gäste so gern im Café-Garten sitzen, wo man den Hahn krähen hört, die Laub-
frösche quaken und den Kuckuck rufen, gibt es
den langen Freitag: Bis 22 Uhr kann man zusehen, wie die Sonne hinter Herzogstand,
Heimgarten und Ammergauer Alpen versinkt.
Dann stehen ein paar Drinks und kleine herzhafte Gerichte wie Quiche, Brot-Aufstriche
oder Suppe auf der Karte. Einziges Problem:
Die Gäste fühlen sich so zu Hause, dass so
manch einer schon ging, ohne zu zahlen.

Durch den Laden bummeln und danach einen Kaffee trinken: Viele Gäste fühlen
sich im *ASTWERK* so zu Hause, dass sie vergessen zu zahlen. Tische, Stühle und Regale
schreinerte Lisi Haimerls Partner, viele Dekoideen brachte sie aus dem Urlaub mit.

Himbeer-Gspusi – a gschlampert's Verhältnis

So wie für einige ein gschlampert's Verhältnis (eine unehe-
liche Beziehung) eine Sünde ist, ist auch dieser Kuchen,
findet Lisi Haimerl: süß und immer eine Sünde wert.

Zutaten

Für den Teig
250 g Mehl
125 g Zucker
125 g Butter
1 Ei
1 Pck. Vanillezucker
½ Pck. Backpulver

Für die Creme
500 ml Milch
2 Pck. Vanillepuddingpulver
600 g Schmand
1 Spritzer Zitronensaft
150 g Puderzucker

Für den Belag
500 g TK-Himbeeren
1 Pck. roter Tortenguss
2 EL Zucker

Zubereitung

Zuerst den Pudding für die Creme vorbereiten: Dafür 400 ml Milch
aufkochen und die restlichen 100 ml Milch mit dem Puddingpulver
anrühren. Dieses dann in die kochende Milch einrühren und einmal
aufkochen lassen. Pudding abkühlen lassen und immer wieder
durchrühren, damit sich keine Haut bildet.

Für den Mürbeteig alle Zutaten mischen, mit dem Knethaken oder
den Händen verkneten, dann zu einer runden Platte ausrollen. Eine
Springform (26 cm Durchmesser) mit Backpapier auslegen und die
Teigplatte vorsichtig hineingeben. Dabei einen etwa 4 cm hohen
Rand ziehen. Teig mit einer Gabel mehrmals einstechen und etwa
eine halbe Stunde kalt stellen.

Inzwischen den Backofen auf 200 °C (Ober-/Unterhitze) vorheizen.

Den erkalteten Pudding mit Schmand, Zitronensaft und gesieb-
tem Puderzucker verrühren. Die Creme auf den Mürbeteig geben,
die gefrorenen Beeren darauf verteilen und auf der mittleren
Backofenschiene etwa 50 Minuten backen.

Den Tortenguss nach Packungsanleitung mit dem Zucker zubereiten und auf dem heißen Kuchen verteilen. Über Nacht kalt stellen.

Craft
Lemonade

Rosmarin

M.A.T.
20 17

Philip Hönicke

Der Metallgestalter mag es, wenn sich seine Objekte bewegen

Gerade warten ein paar Zapfhähne auf ihre weitere Bestimmung. Ein Gastwirt hat sie vorbeigebracht, zwei von zweihundert, mit der Frage, ob Hönicke aus dieser Sammlung »nicht etwas machen kann«. Eine Garderobe, an der die Damen ihre Handtaschen aufhängen könnten? Hönicke verwarf die Idee. Ein Brunnen schwebt ihm vor, draußen im Biergarten der Wirtschaft, schließlich sei es ja die Bestimmung von Zapfhähnen, dass etwas aus ihnen sprudle. Aber bei einem Brunnen, fanden die Wirtsleute, sei Ärger vorprogrammiert: Eltern, die sich beschweren könnten, wenn ihre Kinder beim Wasserpritscheln nass würden. So liegen die Zapfhähne in Stoff gehüllt in der Werkstatt, und Hönicke sinniert weiter: »Die Zapfhähne warten noch auf eine göttliche Eingebung.« Manchmal kommt ihm die Eingebung, wenn er im Garten Unkraut zupft, manchmal, wenn er in seiner Werkstatt steht und sieht, wie das Licht einen Schatten wirft und er sich vorstellt, wie dieser Ausschnitt wohl dreidimensional aussähe.

Gelernt hat der gebürtige Berliner eigentlich technischer Übersetzer, aber er hat nie in diesem Beruf gearbeitet. Zuvor hat er ein bisschen Maschinenbau studiert, »aber das war mir zu technisch«. Im Rahmen des Studiums machte er ein Praktikum bei einem Betrieb, der die Inneneinrichtung von Krankenwagen produzierte. Das stellte die Weichen für seinen späteren Lebensweg. »Über den Krankenwagen bin ich zu Designermöbeln gekommen«, erzählt Hönicke. Und später zu Skulpturen. Sein Material: Stahl und Edelstahl.

Anfang der 1980er-Jahre machte er sich in München als Metallgestalter selbstständig, mietete einen Kellerraum, in dem er »ein bisschen rumgeschweißt hat«. Baute für sich selbst Stühle, bald kamen Aufträge aus der Münchner Gastronomie. Er entwarf eine Garderobe für eine Studentenkneipe, ein Speisecafé am Lenbachplatz wollte Kerzenleuchter von ihm, auch eine Art Etagere für sieben kleine Teller, für das Gericht »Die sieben Todsünden«. Für das *Stadtcafé* in München baute er die geschwungene Theke, die noch heute dort steht.

~~~~~~

PHILIP HÖNICKE
Meichelbeckstraße 30 • 83671 Benediktbeuern
Tel. 0176/21 94 68 72 • www.metallobjekte-philiphoenicke.de
Termine nach Vereinbarung

Manchmal kamen Kunden, die dann exakt jene Garderobe wollten, die sie in der Kneipe gesehen hatten, aber nicht jedes Möbel passt in jede Wohnung. So sagte Hönicke oft: »Ich komm zu euch zum Mittagessen, dann schau ich, wo die Kinder ihre Schultaschen hinschmeißen, und dann reden wir über die Garderobe.« Und er ergänzt: »Manchmal ist viel Psychologie nötig, um zu erkennen, was die Leute wollen.«

Er zog raus aus München ins Alpenvorland, seine Werkstatt hat er seit 2010 in Benediktbeuern. Irgendwann wollte er lieber sein eigenes Ding machen und verlagerte sich auf Skulpturen. Kombinierte Metall mit Holz und Glas, brachte sich das Arbeiten mit diesen Materialien selbst bei. Auf einem Regal in seinem Atelier liegt das »Koma-Komma«, eine Chaiselongue aus Edelstahl, zusammengesetzt aus zwei Bögen, die jeweils an ein Komma erinnern: Auftrag eines Kunden für sein Bad – doch dann war dem der Stahl zu kalt. Jetzt ruht die Bank in Hönickes Werkstatt.

An der Wand hängt sein »Sporty-Dancer« im Kleinformat: Das Original, die etwa fünf Meter hohe Figur, steht vor der Loisachhalle in Wolfratshausen, Beine, Arme, Kopf sind beweglich. Angefertigt hat er sie, weil er mal was Großes machen wollte. Erst war da der große Tänzer, später folgte der kleine. Nicht umgekehrt. Denn Hönicke baut nie Modelle von seinen Arbeiten. Modelle sagt er, verzeihen kleine Fehler. Aber kleine Fehler werden an großen Objekten zu großen Fehlern. Und die verzeiht das Metall nicht. Er fertigt auch keine techni-

Lange baute Philip Hönicke Metallmöbel für die Gastronomie, irgendwann wollte er lieber Skulpturen erschaffen. Sollen die Oberflächen bläulich schimmern, flammt er den Stahl mit dem Gasbrenner, Salz und Essigessenz erzeugen eine rostige Optik.

schen Zeichnungen an – weil er ungern zeichnet. Ihm genügt die Vorstellung im Kopf. »Das macht es den Kunden nicht immer leicht.«

Im Regal eine sich drehende Metallscheibe in einer Wiege aus Holz. Ein Freund aus Wuppertal hat »die Trümmer« in einem Stahlwerk gefunden, und »da musste ich was draus machen«. Eine Spielerei, die nebenbei perfekt Nüsse knackt. Viele dieser Spielereien findet man in der Werkstatt – in den Regalen, auf den Schränken, an der Wand. Auch so eine Spielerei: zwei ineinander verschränkte Stahlscheiben – wenn man sie auf den Boden legt und anstupst, kullern sie los.

Philip Hönicke mag es, wenn seine Objekte in Bewegung geraten. Wie die kleinen Weihnachtsgeschenke, die eine Firma für therapeutische Trainingsgeräte bei ihm in Auftrag gab:

Philip Hönickes Tipp

Ein Ausflug ins Freilichtmuseum Glentleiten mit dem Kramerladen (s. ab S. 148).

Der Metallgestalter entwickelte sehr kleine Edelstahl-Skulpturen, die auf dem Schreibtisch hübsch aussehen, die sich aber »gaga bewegen«, wenn man sie hinlegt und antippt. Da hoppelt ein durchbohrter Stein, der auf eine Achse mit zwei Metallrädern gezogen ist, über den Tisch. Da wälzt sich eine Miniskulptur aus zwei Scheiben und einem Dreieck über die Tischplatte.

Die Arbeit mit dem Stahl ist eine Herausforderung: »Metall ist so kompromisslos. Ich

muss vorher genau wissen, was ich mache. Oder ich muss es wegwerfen.« Seine Freundin, die Keramikerin Bettina Leib, könne ihren Ton immer wieder »zusammenknödeln«, wenn ihr nicht gefalle, was sie gemacht hat. »Aber wenn ich ein Loch gebohrt habe, bleibt es drin. Wenn ich mich verschnitten oder verrechnet habe, ist es vorbei.« Verzweifeln lässt ihn das nicht, denn »ich bin nicht zum Verzweifeln geboren«. Am Ende schleift und poliert Hönicke seine Skulpturen. Soll eine Oberfläche rostig aussehen, setzt er ihr mit Essigessenz und Salz zu. Soll es bläulich schimmern, rückt er ihr mit dem Gasbrenner zu Leibe und flammt den Stahl.

Skulpturen für Gärten, Reliefs für Hauswände fertigt er für seine Kunden an, und wenn er Lust auf was anderes hat, macht Hönicke Konzeptkunst: So wie für eine Bäckerei in Wolfratshausen, anlässlich der Aktion »Raum braucht Kunst, Kunst braucht Raum«, bei der die Künstler auf Gewerbetreibende zugehen sollten. Zusammen mit dem Königsdorfer Wolfgang Sporer ließ er der Fantasie freien Lauf, spielte mit Worten: Für die Wände der Bäckerei entstand der Schriftzug »Backstage«, auf einer »Termina-Torte« thront Arnold Schwarzenegger mit Breze und Baguette in der Hand. Für den »Bro-test« stattete er Semmeln mit Puppenarmen aus und drückte ihnen Plakate mit Aufschriften wie »Esst mehr Brot« oder »Brot für die Welt« in die Hand. Statt Stahl ist dann viel Gips und viel Pappmaché im Spiel. »Es macht wahnsinnig Spaß, sich so richtig auszublödeln.« Das glaubt man ihm sofort.

Der »Sporty-Dancer«, der da oben auf dem Wandschrank thront, ist nur ein Modell – das etwa fünf Meter große Original steht vor der Loisachhalle in Wolfratshausen. Manchmal hat Hönicke Lust rumzuspielen und zu schauen, wie sich Metall bewegt.

Tiny-Soul – Café und Deli

Simone Kreisbeck und Richard Baar wollen Urlaubsfeeling vermitteln

Der alles entscheidende Anruf kam im Surfurlaub in Portugal: Eine Freundin von Simone Kreisbeck war am Apparat und erzählte, dass die alte Dorfschmiede in Kochel zu pachten sei. Ob das nicht ein Projekt für sie und ihren guten Freund Richard Baar sei. Bei Simone, so erzählt sie es, »fing sofort das Kopfkino an«. Schließlich war es schon immer ihr Traum, in dem Ort, in dem sie aufwuchs, »etwas Cooles zu machen: In meiner Jugend habe ich mir immer gewünscht, dass es hier mal was Schönes gäbe. Schöne Dinge, schöne Geschäfte.« Richard Baar dagegen sagte erst mal: »Och nee, nicht schon wieder Gastronomie!« Schließlich hatte er gerade erst seine zwei Lokale, die er 20 Jahre lang in München geführt hatte, aufgegeben: das *Barista* in den Fünf Höfen und das *Baricentro* am Sebastiansplatz.

Aber das Leben hält so manches Mal neue Wege bereit: Einst finanzierte Richard sein Architekturstudium mit Gastro-Jobs. Bis er irgendwann das Studium aufgab und sich für die Gastronomie entschied: In München und Madrid lernte er den Service kennen, das Leben hinter der Bar, das Mixen und Kreieren von Cocktails, bis hin zur Geschäftsführung. Simone Kreisbeck ist ausgebildete Fotografin und Stylistin. Das Fotostudio, in dem sie arbeitete, bekam viele Aufträge im Bereich Essen und Lebensmittel, etwa für Anzeigen oder Kochbücher: »Ich durfte mit tollen Köchen und Foodstylisten zusammenarbeiten, da kam das Interesse für Food immer mehr.« Schon immer habe sie sich für Ernährung interessiert, gern gekocht und auf Reisen die internationale Küche lieben gelernt: »Ich finde es spannend, welche Gewürze in den verschiedenen Ländern verwendet werden, wie Reis und Kartoffeln zubereitet werden.« Fisch und Fleisch sind nicht so ihres – sie ist seit Jahren Vegetarierin.

Zurück aus Portugal, im Winter 2019, schauten sich Simone und Richard die Schmiede an: eines der ältesten Häuser in Kochel,

---

TINY-SOUL – CAFÉ UND DELI
Bahnhofstraße 9 • 82431 Kochel am See • Tel. 08851/940 22 92 • www.tiny-soul.de
Öffnungszeiten: Do und Fr 17–22 Uhr, Sa/So 11–22 Uhr

etwa 500 Jahre alt. Renovierungsbedürftig, aber für beide genau das Richtige: »Ich springe gern ins kalte Wasser und nehme Herausforderungen an«, sagt Simone Kreisbeck. Ein bisschen renovieren, dann eröffnen, das war ihre Idee. Aber aus ein »bisschen renovieren« ist eine Kernsanierung geworden, am Ende standen nur noch die Grundmauern. Das Dach musste neu gemacht werden, die Elektrik, der Fußboden. Die beiden schliffen Tische und Fenster ab, schweißten Untergestelle für Tische, den gesamten Küchentresen, schreinerten Regale und gestalteten das Pflaster vor der Schmiede zu einem gemütlichen Gastgarten, in dem jetzt Malven, Rosen, Schnittlauch, Minze wachsen. Aus alten Münchner Brunnenverschalungen bauten sie Tische und Bänke, aus den lederbezogenen Sprungkästen einer Turnhalle wurden ebenfalls Bänke. Auf Türsimsen und an der Wand lehnen Skateboards, Longboards und ein Surfbrett. Im Juni 2021, nach anderthalb Jahren, konnten sie eröffnen. Während der Renovierungsarbeiten nannte Simone die Schmiede oft ihr »tiny house«. Alles klein, wenig Platz. Und weil Essen für sie Soulfood ist, kam sie bald auf *Tiny-Soul*. Eine »kleine Seele« im Ort soll ihr Café sein.

Das Reisen, das Surfen, das Essen verbindet die beiden Freunde: »Wir haben festgestellt, dass wir, egal wo auf der Welt, immer wieder ähnliche Lokale gefunden haben, die uns begeistern: nämlich solche, die einfaches, hochwertiges Streetfood anbieten.« Und das wollten sie auch in ihrem Café umsetzen: Streetfood, regional, saisonal, bio. Beide lieben

Simone Kreisbeck und Richard Baar haben die alte Dorfschmiede komplett kernsaniert, Möbel abgeschliffen, Tischuntergestelle geschweißt. Klar, dass auch auf der Karte alles selbst gemacht ist: von den Kuchen bis zur Mayonnaise für die Burger.

Burger, klar, dass es die auch in ihrem Café geben sollte. Inzwischen ist ihr »Soulburger« längst ein Klassiker: mit Kartoffel-Quinoa-Patty, Roter Bete, hausgemachtem Hummus, eingelegten Zwiebeln, selbst gemachter veganer Zitronenmayonnaise und Petersilienpesto – »eine Geschmacksbombe« sei der, findet Richard Baar. Quiche mit Gemüse der Saison steht auch regelmäßig auf der Karte. Und natürlich Kuchen: Den Käse-Orange-Schoko-Kuchen gibt es jeden Tag, auch die Schoko-tarte. Dazu vegane Kuchen, je nach Saison mit Beeren oder Äpfeln. Im Herbst und Winter würzt Richard mehr mit Zimt und Muskat, im Sommer mit Zitrone. Jeder Kuchen hat einen eigenen Dreh: »Da hilft mir meine jahrelange Bar-Arbeit: Dort sind es oft kleine Details, die ein Getränk besonders machen.«

Alles wird selbst gemacht – bis auf die mexikanische scharfe Sauce, die Simone mal von einem mexikanischen Mitbewohner geschenkt bekam und die jetzt ihren festen Platz in ihrem Kochrepertoire hat. »Ja, das ist aufwendig und mühsam«, geben beide zu, »aber wir wollten

Tiny-Souls Tipp

Den Felsenweg vom Walchenseekraft-werk bis Schlehdorf wandern, im *Klosterbräu* einkehren und mit dem Schiff zurückfahren.

ein Konzept, das stimmig ist.« Fisch und Fleisch findet man auf der Karte nicht, Simone sagt: »Es war klar, dass ich die Küche mache. Und da ich selbst vegetarisch lebe, fühlt es sich für mich nicht gut an, wenn tote Tiere auf dem Teller liegen.« Und dann schieben die beiden gleich nach: »Aber wir wollen nicht missionie-ren und unsere Philosophie niemandem auf-drängen. Wir wollen nur leben, was wir sind. Wer gern Fleisch isst, kann einfach nur auf einen Drink kommen.« Oder zu den Musikabenden und Lesungen, die sie regelmäßig veranstalten. Mit ihrem Café wollen sie kulinarische Freude versprühen. Ihnen selbst soll es Spaß machen und natürlich auch ihren Gästen. Manchmal fühlen die sich hier ein bisschen wie im Urlaub.

Drink S-Punkt

Richard Baar hat lange nach einem guten Mandarinenlikör gesucht. Als er ihn endlich gefunden hatte, mixte er diesen Drink aus einer Laune heraus. Er sagt: »Simone hat ihn auf Anhieb zu ihrem Sommerdrink gemacht. Deswegen das ›S‹, und ›Punkt‹, weil es nichts mehr zu verbessern gab.«

Zutaten

Eiswürfel
1 Bio-Limette
2 cl Roku-Gin (oder
   ein anderer nicht
   zu kräftiger Gin)
3 cl Mandarinara-Likör
15 cl Tonic Water

Zubereitung

Ein Longdrink-Glas mit trockenem Eis auffüllen. Von der Limette 1 cl auspressen, zusammen mit dem Gin und dem Likör in das Glas geben und mit dem Tonic Water auffüllen. Kurz vorsichtig verrühren.

Ein wenig von der Limettenschale abziehen und diese über dem Drink zusammenpressen. Dadurch werden die Öle aus der Schale gespritzt und schwimmen dann auf der Oberfläche des Drinks. Das gibt dem Getränk noch eine zusätzliche Dimension.

Pesto mit Minze und Zitrone

Dieses Rezept entstand, als Simone mit ihrem Camper unterwegs war und in Italien an einem Basilikumfeld neben einem Kloster übernachtete. Die restlichen Zutaten hatte sie im Van, und schon war das Abendessen kreiert.

Zutaten

1 Bund frisches Basilikum
1 kleiner Bund frische
   Minze
100 g Kerne (z. B. ein Mix
   aus Sonnenblumen-
   und Kürbiskernen)
1 Bio-Zitrone
1 Knoblauchzehe
100 ml Olivenöl
150 g Parmesan (da
   Parmesan & Co. wegen
   des tierischen Labs
   nicht vegetarisch sind,
   empfehlen wir vege-
   tarischen Parmesan
   ohne tierisches Lab)
Salz, Pfeffer

Zubereitung

Basilikum und Minze waschen, trocken tupfen und die Blätter von den Stielen zupfen. Den Kerne-Mix ohne Öl in einer Pfanne vorsichtig rösten, danach klein hacken. Die Zitrone waschen und die Schale fein abreiben. Jetzt Basilikum, Minze und den Knoblauch fein hacken (Simone: »Wir lieben das Pesto etwas gröber, weshalb wir die Zutaten nur klein hacken. Wer es gern sämiger mag, kann die frischen Zutaten mit dem Olivenöl in einem Standmixer oder in der Küchenmaschine mixen.«) Nun das Öl, den Parmesan bzw. die Parmesan-Variante und die gehackten Kerne unterrühren. Mit Salz und Pfeffer abschmecken.

Beim Anrichten etwas abgeriebene Zitronenschale über das Pesto streuen.

Das Pesto passt besonders gut zu Trofie, einer Pasta-Spezialität aus der ligurischen Küche, aber natürlich auch zu jeder anderen Pasta-Sorte, ganz nach Gusto.

Thomas Bauer

Der Holzbildhauer schnitzt, worauf er Lust hat

Es brauchte ein paar Umwege, bis Thomas Bauer wurde, was er immer schon werden wollte. Nach dem Fachabitur 2004 hat er erst mal studiert: ein Semester Bauingenieurwesen in München, dann Brauereiwesen in Weihenstephan. Er arbeitete nebenbei beim *Oberbräu* in Holzkirchen, fuhr den Gabelstapler, schleppte Kisten, reinigte Rohrleitungen und Kessel und bekam das Gefühl, dass ein Braumeister immer nur der wird, dessen Vater auch schon Braumeister war. Nach dem Vordiplom sagte er sich: »Jetzt habe ich ja eine anständige Ausbildung, jetzt mache ich, was ich wirklich will.«

Wirklich werden wollte er Künstler. Schon als Kind hat er viel gezeichnet, geschnitzt und mit Ton geformt. Thomas Bauer, Jahrgang 1984, bewarb sich mit den Bildern und Werken, die er bislang in seiner Freizeit angefertigt hatte, an der Staatlichen Berufsfachschule für Holzbildhauer in Oberammergau und wurde genommen.

Das dritte Jahr dort sollte sein entscheidendes werden: Zusammen mit einem Spielplatzbauer durfte sein Jahrgang einen Spielplatz in Oberammergau errichten. Bauer und zwei Kommilitonen fertigten einen Spielturm an, aus dem ein riesiger Drachenkopf blickt, davor steht ein Ritter.

Seither baut er von Mittwoch bis Freitag Spielgeräte. Schnitzt Vögel auf einen Marterpfahl, lässt ein Chamäleon einen Stamm hinaufklettern, entwirft Schiffe, Burgen, Fantasiegeräte und schraubt Schaukeln zusammen. Aus krummem und buckligem Robinienholz, so wetterfest, dass die Spielgeräte jahrzehntelang Wind und Wetter standhalten.

In Ettal und in Krünn hat Thomas Bauer Naturerlebniswege gestaltet: Dort kann man Fußspuren von Reh, Hase und Fuchs in weichen Sand drücken. Diese Stempel haben Bauer und sein Kollege aus Kunstharz gegossen. Anderswo drückt man auf einen Knopf, und es zwitschert ein Robinienholz-Vogel, der irgendwo in den Bäumen sitzt, oder es röhrt ein Hirsch. Lebensgroß steht der im Wald – diesmal nicht geschnitzt, sondern aus Stahl gelasert, der Größe wegen. Von irgendwo blickt ein Adler herab. Thomas Bauer sagt, er habe alle Freiheiten, die er sich wünschen könne.

THOMAS BAUER
Döllerfeldweg 14 • 82431 Kochel am See • Tel. 08851/896 95 52 oder 0160/595 03 54
Termine nach Vereinbarung

Thomas Bauers Tipp

Von Kochel bis zum Lainbach-Wasserfall wandern, das sind etwa 2 km.

Nur die TÜV-Vorschriften müssen eingehalten sein.

Von Samstag bis Dienstag hat der Holzbildhauer noch mehr Freiheiten – und muss nicht mal an den TÜV denken: Die verbringt Bauer in seinem Atelier in Kochel, aus dem Fenster blickt ein hagerer Robinienholz-Mann. Früher war dort die Wagnerei seiner Vorfahren, bis in die 1950er-Jahre hinein entstanden hier Kutschen und landwirtschaftliche Wagen und Anhänger, eine kleine Schmiede gehörte auch dazu. Jetzt schnitzt Thomas Bauer dort das, wozu er Lust hat. Oft marschieren Wanderer am Atelier vorbei, bleiben stehen, treten ein und finden genau das schön, was Bauer aus einer Laune heraus anfertigt. Zuweilen tragen sie auch das Absurde nach Hause, wie den

Mann, der auf dem Klo hockte und den sich ein Kunde ins Badezimmer stellen wollte. »Schön, wenn es Leute gibt, denen genau das gefällt, wonach mir gerade war«, findet der Kocheler. Wer sehen will, wonach Bauer gerade ist, muss persönlich bei ihm vorbeischauen, im Internet und in sozialen Medien findet man ihn nicht: »Ich mag das nicht – ich bin kein Internetmensch.«

Auch allerlei Aufträge finden den Weg in sein Atelier: Wünsche für Heiligenfiguren genauso wie für muskelbepackte Figuren aus Videospielen. Neben dem Muskelprotz aus Kunstharz schwebt ein nahezu filigraner Tänzer aus Lindenholz, sein Gewand fällt weich über den schlanken Körper, und weich und glatt fühlt sich auch die ganze etwa 50 Zentimeter hohe Figur an. Bauer schleift und poliert seine Holzfiguren – für manche Bildhauer ein Unding. Sie finden, es muss jeder Schnitt des Schnitzeisens zu sehen sein. Bauer sieht das anders: »Ich mag es, wenn sich das Holz weich anfühlt, ich schleife es richtig blitzeblank.« Der menschliche Körper ist sein Hauptthema, das hat sich so ergeben. »Man forscht, schaut, was liegt einem, und entwickelt so seinen Stil.«

Manchmal ist ihm nach Provokation – dann nimmt er die Jesusfiguren, die er aus Oberammergau mitgebracht hat, und lässt den Heiland Gitarre spielen oder verpasst ihm Flügel. »Mein Protest gegen den Jesuskommerz von Oberammergau. So kriegen die Figuren eine zweite Chance.« Manchmal ist ihm nach Spielerei, und er schnitzt glupschäugige weiße kugelige Wesen, die er mal gezeichnet hat, oder baut eine Astronautenlampe mit einer Glühbirne im gläsernen Helm.

Figuren, die größer sind als ein halber Meter (auch dazu hat er manchmal Lust), modelliert er mit Styropor und Gips vor, wie etwa den lebensgroßen Herrn im weißen Anzug, der gerade mitten im Atelier steht. Wenn Thomas Bauer Porträts anfertigen soll, baut er das Modell aus Ton. Der Grund ist banal: »Das lässt sich schnell machen – ein Modell möchte nach drei Stunden fertig sein.« Und nicht zwei Wochen stillsitzen, bis der Kopf aus dem Holzblock geschält ist.

Holz ist sein »absoluter Lieblingswerkstoff«. Linde zumeist, das weiche Holz lässt sich am besten bearbeiten. Nuss mag der Bildhauer wegen seiner Farbe und Maserung, Zirbe wegen ihres Geruchs, Robinie oder Lerche verwendet er gern für draußen. Gerade trocknet eine dicke Eiche, aus ihr wird Bauer den neuen Fischerbrunnen für Kochel schnitzen. Da hat er wieder alle Freiheiten, so wie auf dem Spielplatz.

Die halbe Woche schreinert und schnitzt Thomas Bauer Spielgeräte, die anderen Tage macht der Holzbildhauer in seiner Werkstatt das, wozu er Lust hat – und freut sich, wenn jemand genau das gut findet: etwa die Astronautenlampe mit Glashelm.

Franz am See

Jörg Koch hat ein Händchen für Dekoration

Die Ruhe, der Blick auf den Kochelsee und das Grün der Bäume: »Wer bei uns seinen Kaffee trinkt, bekommt Waldbaden inklusive«, findet Jörg Koch. Umgeben von Kunst ist man auch noch, und das nicht nur, weil das Café im Franz Marc Museum untergebracht ist. Auch der Weg dorthin ist gesäumt von Kunst: Es geht einen kleinen Hügel hinauf, Skulpturen von Alf Lechner, Tony Cragg, Horst Antes und Per Kirkeby stehen auf den umliegenden Wiesen; seitlich des Museums beginnt ein Panoramaweg, dort kann man einen QR-Code scannen und den Informationen über das Museum und über die im Park aufgestellten Skulpturen lauschen.

Das Museum entstand 1986, vor allem auf Betreiben des Münchner Galeristen-Paars Etta und Otto Stangl und Marcs Witwe Maria Marc. Franz Marc schuf viele seiner Hauptwerke in Sindelsdorf und rund um Kochel, wo er jahrelang lebte, und hier sollten sie auch gezeigt werden. Die Natur und die Landschaft im Blauen Land waren Inspiration für Marc und seine Künstlerfreunde wie Wassily Kandinsky und Gabriele Münter, immer wieder zog es die Künstler von München raus aufs Land; hier formierte sich auch die Künstlergruppe »Blauer Reiter«. Der Name, so will es die Anekdote, soll entstanden sein, als Kandinsky mit Franz Marc in dessen Gartenlaube saß: »Beide liebten wir Blau. Marc Pferde, ich Reiter. So kam der Name von selbst.«

Raus aus der Stadt, das war es auch, was Jörg Koch und seinen Geschäftspartner Florian Seidel bewogen hat, das Café in Kochel am See zu eröffnen. Parallel zu ihrem Gastrobetrieb in München, der Szenebar *Jenny was a friend of mine* im Glockenbachviertel. Ein komplett anderes Umfeld, ein komplett anderes Publikum. Der Gegensatz, was völlig Neues in einem kreativen Umfeld zu machen, das ist es, was Koch anzieht: Aufgewachsen in einer Hoteliersfamilie im Odenwald hat er schon als Jugendlicher daheim im Hotel mitgearbeitet und sein Geld verdient. Nach der Schule beschlossen seine Geschwister und er, etwas ganz anderes zu werden als die Eltern: Koch machte zunächst eine kaufmännische Lehre und arbei-

FRANZ AM SEE

Besucherparkplatz: Mittenwalder Straße 44 • 82431 Kochel am See
Tel. 08851/940 11 93 • www.franz-marc-museum.de/cafe/ • Instagram @franz.am.see
Öffnungszeiten: Di–Do 11–16 Uhr, Fr–So 10–18 Uhr

tete im Nationaltheater Mannheim im Marketing und Vertrieb. Dann, mit 24, eröffnete er einen Obst-, Gemüse- und Feinkostladen in Mannheim. Bis er eine neue Herausforderung suchte, vier Jahre lang in einem Blumenladen arbeitete und seine Liebe zu Blumen und Dekorationen entdeckte. Und dann zog es ihn doch wieder zurück in die Gastronomie: Parallel zur Arbeit im Blumenladen eröffnete Jörg Koch ein Café in Mannheim. »Immer wenn eine Idee funktioniert hat, musste ein neues Projekt her«, sagt er.

Im Jahr 2009 zog es ihn in die Welt der Mode: Für ein deutsches Label für Damenmode betreute er zehn Jahre lang deren Fashionshows und Showrooms in aller Welt. Dort konnte er seine kreative Ader ausleben: Zweimal im Jahr werden hier den Einkäufern die neuen Kollektionen gezeigt – Koch und sein Team überlegten sich die Präsentationen, stets wurden die Räume umgestaltet, Wände neu gestrichen, Möbel ausgetauscht, Speisen und Getränke für die Einkäufer neu kreiert. »Wir hatten im Showroom eine Art kleines Bistro«, erzählt Koch.

So unterschiedlich die Jobs sind, eines ist allen gemeinsam: der Kontakt zu den Menschen. Koch findet: »Das sind alles Dinge in einem kreativen Umfeld, wo etwas entwickelt wird. Ich bin kein Designer, nicht zu 100 Prozent Florist, bin von jedem ein bisschen was, und genau das ergibt die Motivation, Dinge zu tun und Gäste zu bewirten.«

Parallel zu seiner Arbeit für die Modefirma war da wieder der Drang, in der Gastronomie

Auf der Terrasse sitzen und mit Blick auf den Kochelsee Kuchen essen – die beiden Cafébetreiber Florian Seidel und Jörg Koch haben sich gleich in das Café des Franz Marc Museums verliebt. Gebacken wird nach Rezepten der Mitarbeitenden.

etwas aufzuziehen: Zusammen mit dem Medienanwalt Florian Seidel, der ein Faible für die Gastronomie hat, eröffnete er 2016 die Münchner Abendbar, »als zweites Standbein«, wie Koch sagt. Und als er und Seidel im Frühjahr 2022 das leer stehende Café im Franz Marc Museum besichtigten, »haben wir uns gleich in den Ort und in die Räumlichkeiten verliebt«.

Sein Händchen für Styling und Komposition kann er jetzt im Café zeigen: schöne Blumen in den Gastraum stellen, die Gerichte mit Kräutern oder gehobeltem Parmesan dekorieren, die Kuchenvitrine ansprechend gestalten. Auf einer Etagere liegen Croissants und Schmalzgebäck, Himbeerkuchen und Zitronentarte locken in der Auslage: Alle Kuchen werden direkt im Museum gebacken, zweimal die Woche ist Backtag. Wer hier arbeitet, bringt eigene Rezepte mit und backt den eigenen Lieblingskuchen. Herzhafte Gerichte stehen zudem auf der Karte, auch diese werden von allen Mitarbeitenden frisch zubereitet. Vegane

Jörg Kochs Tipps
Eine Schifffahrt auf dem Kochelsee:
Der Anlegesteg ist nur wenige Minuten
zu Fuß vom Museum entfernt.
Oder rauf auf den Herzogstand.

und vegetarische Gerichte wie Spinatknödel oder Jörg Kochs Kokos-Kurkuma-Sud. Zünftige Brotzeiten oder Focaccia mit Parmaschinken und Käse: »Wir kochen frisch auf Bestellung, weil wir keinen Abfall produzieren wollen«, ist Kochs Philosophie. Die Tees wie Matcha-Tee Latte oder Chai-Tees werden vor dem Überbrühen frisch gemischt und zubereitet, die Kaffeebohnen frisch gemahlen. Und wenn er so philosophiert, über die Qualität von Kaffeebohnen, die Mahlgrade und die Röstungen, dann verwundert es nicht, dass es ihn letztlich wieder in die Gastro zog – die Kindheit prägt einen halt doch.

Nuss-Schokoladen-Kirsch-Kuchen

Das alte Familienrezept einer Mitarbeiterin und einer der Lieblingskuchen der Gäste

Zutaten

Für den Teig

4 Eier
200 g Butter
150 g Zucker
1 Pck. Vanillezucker
125 g gemahlene
   Haselnüsse
125 g Mehl
1½ TL gehäuftes
   Backpulver
1 Prise Zimt
100 g Raspelschokolade

Für das Topping

200 g Kirschgrütze
   aus dem Kühlregal
Gehackte Pistazien und/
   oder weiße Schokolade
   zum Bestreuen

Zubereitung

Eier, Butter, Zucker und Vanillezucker schaumig rühren. Dann Haselnüsse, Mehl, Backpulver, Zimt und Raspelschokolade unterrühren.

Backofen auf 170 °C Ober-/Unterhitze vorheizen.

Den Rand einer Springform (28 cm Durchmesser) fetten, den Boden mit Backpapier auslegen. Teig in die Form geben und auf der zweiten Schiene von unten etwa 45 Minuten backen.

Die Kirschgrütze auf dem abgekühlten Kuchen verteilen. Nach Belieben mit gehackten Pistazien und/oder weißer Schokolade bestreuen.

Kirsten L. Sonnemann und Marc Völker

Das Künstlerpaar schafft Räume für Kunst und Begegnung

Als die Lebenswege von Marc Völker und Kirsten Luna Sonnemann ineinandergriffen, ergänzte sich auch ihre Kunst. Kirsten Luna Sonnemann, ausgebildete Fotografin, sieht das so: »Die Dinge sind zu mir gekommen.« Wie etwa das Bodypainting: Ein Freund bat sie, seinen Körper mit den Zeichnungen eines Tigers zu bemalen. In einer Klamm hinter dem Sylvensteinspeicher fand die Aktion statt. Fortan bemalte die Künstlerin Gesichter und Körper intuitiv und fotografierte sie dann. Oft hörte sie danach, sie habe mit ihren Farben und Mustern genau das ausgedrückt, was der andere fühlte.

Kirsten Luna Sonnemann ließ sich am Staffelsee nieder, machte Ausbildungen zur Wildnispädagogin und zur Phytotherapeutin, einen Bachelor in Kunsttherapie. Mit zwei Freundinnen eröffnete sie in Murnau die Naturschule Staffelsee, die heute *NaturErlebnisGarten Staffelsee* heißt – der erste öffentliche Raum, den die Künstlerin schuf.

Marc Völker, geboren 1964 in Weilheim, ging mit 16 auf Lehr- und Wanderjahre, versuchte sich im Schreinern, im Wand- und Straßenmalen, arbeitete im Messebau. Später holte er sein Abitur nach und studierte in München und Ottersberg ein paar Semester lang Pädagogik, Psychologie und Kunst. Dann ergab es sich, dass er in Murnau das Schmiedehandwerk lernen konnte. Es war ihm, als hätte er nie etwas anderes getan: »Mein Körper hat alles richtig gemacht, es war mir nicht fremd, Eisen und glühendes Feuer zusammenzubringen. Es war wie ein Ankommen.« Viel später erfuhr er, dass seine Vorfahren väterlicherseits seit Urzeiten Schmiede waren. Völker arbeitete als freier Kunstschmied und Metallgestalter, zeigte seine Schmiede-Kunst lange Jahre auf dem Tollwood-Festival in München. Auch er

KIRSTEN LUNA SONNEMANN UND MARC VÖLKER
Josefplatz 1 • 82441 Ohlstadt • Tel. 0171/506 22 85 oder 0173/392 52 07
www.marcvoelker.com • www.fischediesonne.de
Instagram @luna.sonnemann und @art_voelker
Termine nach Vereinbarung

wurde später Kunsttherapeut und arbeitete in verschiedenen Kliniken und Tagesheimen.

Im Jahr 2014 gründete das Paar in Murnau das *KuHaus*: Atelier, Galerie, Eventraum in einem ehemaligen Stall. »Ku« für Kunst, Kuchen, Kuhstall. Sie arbeiteten hier, organisierten Ausstellungen, es fanden Lesungen statt und mittwochs Tangoabende. Das Paar hatte »ein multifunktionelles kulturelles Wohnzimmer« geschaffen. Sieben Jahre lang gab es diesen Raum für die Kunst, bis der Besitzer starb und die Erben das Haus 2021 verkauften.

Dann gestalteten beide einen neuen Raum, den *KunstGarten* rund um ihr Wohnhaus in Ohlstadt: Kürbisse und Kapuzinerkresse wachsen um die Wette, breiten riesige saftige Blätter aus, Amaranth wuchert in flammendem Rot, Mais schießt empor, dazwischen die Kunstwerke des Paars. In einer Ecke ragt ein Rechteck aus Baustahlgitter empor, Rest einer Skulptur: der Schwanz einer »FischPlastik«. Und »Plastik« war wörtlich zu nehmen: Eine Serie von Stahl-Skulpturen hatte Völker geschaffen, die mit Säcken voller Plastikmüll gefüllt waren und der Skulptur ihre Plastizität gaben. Das Plastik wurde zum Kunst-Stoff. Ein Jahr lang standen die Fische im Kulturpark in Murnau – an Land.

Unter einem leuchtend roten Ahorn schaut ein elfenartiger Tonkopf aus dem Gras empor, geformt von Marc Völker, daneben ein halbrundes Weiden-Wachs-Objekt von Kirsten Luna Sonnemann. An anderer Stelle ein Eisengestell, verrostet, eindeutig ein Völker, darauf ein Tonkopf, ein Sonnemann. Woanders ein Gartentor, das Völker gerade fertiggestellt hat, eine Auf-

Die beiden Künstler ergänzen und inspirieren sich gegenseitig: Völker lernte das Schmiedehandwerk, Sonnemann ist ausgebildete Fotografin. In ihren Kunstwerken arbeiten sie aber auch mit Ton oder Wachs, das mit Kohlestaub schwarz gefärbt wurde.

tragsarbeit, in der Mitte ein Schiff, ein Entwurf seiner Partnerin. Es wächst zusammen, was zusammengehört.

Die Natur, die Wildnis, die Pflanzen fließen in beider Kunst mit ein. So wie in das Blumenstraußprojekt: Da schenkte Völker seiner Liebsten einen Blumenstrauß mit Mohn, Nerinen, Eukalyptus, Ranunkeln und Milchsternen. Wochen-, sogar monatelang stand er da, trocknete vor sich hin, wunderschön und zart in seinem Vergehen. Sonnemann fotografierte ihn, die Ausstellung »Wenn Blumen schweigen ...« entstand, Völker schrieb Gedichte dazu. Das Paar machte sich Gedanken über Leben und Tod, über Werden und Vergehen.

Sonnemann fand das Wachs der Bienen als geeignetes Material, um ihre Gedanken auszudrücken: das Wachs als Lichtquelle und Wärmespeicher für die nächste Bienen-Population. Sie wollte Wärme mit Finsternis vereinen, denn auch Finsternis ist für sie etwas Warmes, alles Umhüllendes. So färbte sie das Wachs mit Kohlestaub schwarz und formte einen schwarzen Kokon, der Küken Schutz gibt. Ein schwarzes

Tipp des Künstlerpaares
Ein Besuch in der Schokoladenmanufaktur von Barbara Krönner in Murnau: »Hier gibt es die weltbeste Schokolade!«

Töpfchen, aus dem Eukalyptuszweige emporragen, ein schwarzes Ei mit Flügeln – dafür verwendete sie die Federn toter Vögel.

Seine Werke zeigt das Paar gern in der Gastronomie. Die Krux dabei: Dann ist sie häufig nur schmückendes Beiwerk, keiner betrachtet sie wirklich. Also beschloss das Paar, Gastronomie und Kunst-Betrachter zusammenzubringen und initiierte das KunstWirte-Projekt: Jedes Jahr zeigen andere Künstlerinnen und Künstler ihre Werke in Cafés und Restaurants rund um den Staffelsee. Es gibt kunstkulinarische Touren, bei denen die Gäste an jeder Station auf die ausstellenden Künstlerinnen und Künstler treffen und einen Teil eines mehrgängigen Menüs serviert bekommen. Ein Raum, in dem man Kunst genießen kann – im Wortsinn.

Hofcafé KlosterGut Schlehdorf

Sarah Hys will einen Raum der Ruhe schaffen

Wenn Sarah Hys durch eine Stadt bummelt, dann nicht, um dort zu shoppen, sondern um einen Ort zu finden, an dem sie ihre »Seele baumeln lassen kann«. Ein Café, das Ruheoase und ein Ort der Inspiration ist. So ein Ort der Ruhe und Begegnung soll auch das Hofcafé im Kloster-Gut Schlehdorf sein. Spannend fand Sarah Hys schon immer Kulturzentren, wo es ungezwungen und konsumfrei zugeht, wo sich Menschen aus verschiedenen Kulturen treffen, junge und ältere. Wo verschiedene Welten zusammenkommen und es keine Schubladen gibt, so wie es auch auf ihrem Berufsweg keine Schublade gibt, in die man sie stecken könnte.

Nach dem Abitur studierte die gebürtige Weidenerin in München Lehramt für Berufsschule mit den Fächern Ernährung und Hauswirtschaft sowie Sportwissenschaft. Neben dem Studium bildete sie sich zur Erlebnispädagogin und zur Wildnispädagogin weiter und absolvierte Ausbildungen zur Tanztherapeutin und Yogalehrerin. Nach dem Bachelor im Jahr 2014 schob sie ein Jahr Auszeit für das »project peace« ein, eine Orientierungszeit für junge Menschen am KlosterGut Schlehdorf. Das wird von einer Genossenschaft verwaltet, die eine Naturland-zertifizierte Landwirtschaft mit Rindern, Hühnern und Gänsen und eigenem Hofladen betreibt, Gemüse anbaut, Schul- und Jugendprojekte anbietet und Seminargruppen beherbergt. Zehn Jahre hatte die Genossenschaft die landwirtschaftlichen Flächen und Gebäude von den Missionsdominikanerinnen gepachtet und bewirtschaftet, 2022 kaufte sie diese schließlich.

Die »project peace«-Teilnehmenden brachten sich auf dem Hofgut ein, besuchten Seminare und gingen für ein halbes Jahr ins Ausland – bei Sarah Hys war es Indien. Während dieser Zeit lernte sie ihren Mann Mark Rochlus kennen, der jetzt im Vorstand der Genossen-

HOFCAFÉ KLOSTERGUT SCHLEHDORF
Kirchstraße 15 • 82444 Schlehdorf • Tel. 08851/929 19 80
www.klostergut-schlehdorf.de • Instagram @hofcafe_schlehdorf
Öffnungszeiten: von Mai–Oktober Di 14–18 Uhr, Fr 13–18 Uhr, Sa 10–17 Uhr

schaft ist. Und sie erkannte, dass sie zwar mit Menschen arbeiten und zusammensein möchte, aber nicht als Lehrerin, sondern freiberuflich. Am liebsten in Schlehdorf.

Da passte es, dass die Genossenschaftler entschieden hatten, das kleine Café, das es bislang im Hofladen gab, zu vergrößern. Und es passte, dass Sarah Hys schon immer eine Faszination für Cafés hatte: Während ihres Studiums jobbte sie in der Münchner Gastronomie und besuchte Workshops über Kaffeesorten und das Milchschäumen.

Der Stall, in dem einst Schafe und Gänse lebten, wurde zum Café. Sarah, ihr Mann und andere Mitglieder der Genossenschaft bauten die Holztore und -wände zur Hofseite ab, sodass die Scheune jetzt an einer Seite offensteht wie eine Puppenstube. Sie kärcherten den Betonboden, stellten Sofas, Tische und Stühle, die sie über eBay-Kleinanzeigen gefunden hatten, in das Café. In einer Ecke steht ein Büchertauschschrank, an einer Wand hängt eine kleine Vitrine, in den Fächern Bücher zum »Hier-Lesen«: Bände, die inspirieren sollen.

Mark Rochlus zimmerte einen Holzkubus, darin die Siebträgermaschine, die Kuchenvitrine und die Spülmaschine, auch das Geschirr: Teller mit Goldrand, zusammengesammelt u. a. bei Sarahs Oma, und selbst gemachte Tassen vom Genossenschaftsmitglied Anke Petznik, die eine Werkstatt auf dem Gelände hat.

Sarah Hys kümmert sich um das Café, unterstützt wird sie von der Gemeinschaft vor Ort, von Ehrenamtlichen und bezahlten Aushilfen: Die Kräuterpädagogin Birgit Jocher, die

Ein Ort der Ruhe und Inspiration möchte das *Hofcafé im KlosterGut Schlehdorf* sein. Im Büchertauschschrank kann man Lesestoff holen oder abgeben. Die Scheune mit dem Café ist an einer Seite offen – wie eine Puppenstube.

ebenfalls auf dem Hof ihre Werkstatt hat, backt einige der Kuchen, für den Hofladen stellt sie Kräutersalz und Gewürzessig her, sie kocht Sirup und Marmeladen ein. Hofladen und Café sind eng miteinander verzahnt: Wenn es im Laden gerade Hollersirup gibt, steht auch im Café Hollerschorle auf der Karte. »Wir möchten saisonal anbieten, was es gerade gibt«, erklärt Sarah Hys das Konzept des Hofcafés. Die übrigen veganen Kuchen und die Quiches, die es am Wochenende gibt, backen die Köchinnen der Seminarküche »Jacoba« im Kloster Schlehdorf. Wirft der Garten Zucchini ab, steht Zucchini-Schoko-Kuchen auf der Karte. Aus Äpfeln, Johannis- und Stachelbeeren werden Obstkuchen, Eier für den Teig kommen auch vom Hof. Wenn Bananen aus dem Hofladen überreif sind, gibt es im Café Bananenbrot. Das ganze Angebot ist zu 100 Prozent bio.

Auch Kulturangebote stehen auf dem Programm, mal eine Lesung, mal ein Konzert: Sarahs Schwester ist Singer-Songwriterin, viele

Sarah Hys' Tipp

Vom Kloster bis zum Karpfsee laufen und diesen einmal umrunden. Das Biotop gehört zum KlosterGut Schlehdorf.

Freunde sind Musiker. Aber das sind die Ausnahmen, ansonsten ist das Café eher ein »stiller Platz, der zum Lesen einlädt«, sagt Sarah. Ein Strickkränzchen hat das Café entdeckt – die Damen kommen regelmäßig mit ihrem Strickzeug und einem Spinnrad, an dem sie Wolle spinnen. Ab und an rumpelt der Traktor über den Hof und die Hühner tippeln vorbei. Letztens saß auf dem Sofa eine alte Dame, erzählt Sarah Hys, neben sich zwei Enkel, unter dem Sofa kamen die Hühner hervor, und die Dame schwärmte, dass sie schon lange keinen solchen »Wonnemoment« mehr gehabt habe. Das Konzept mit der Ruheoase scheint aufgegangen zu sein.

Beeren-Schichtkäse-Streusel

Die Kräuterpädagogin Birgit Jocher backt den Kuchen regelmäßig für das Hofcafé und dekoriert ihn mit essbaren Blüten.

Zutaten

Für den Teig

250 g Butter
250 g Zucker
1 Pck. Vanillezucker
600 g Mehl
1 Pck. Backpulver
1 Prise Salz

Für den Belag

800 g frische oder
  tiefgefrorene Beeren
1 kg Schichtkäse
200 g Zucker
2 Eier
Saft und Schale einer
  ½ Bio-Zitrone
200 g Sahne

Zubereitung

Alle Zutaten für den Teig mit den Knethaken des Rührgeräts krümelig rühren. ¾ des Teigs mit den Händen zu einem glatten Mürbteig verkneten, dann den Teig auf einem mit Backpapier ausgelegten Backblech ausrollen, den restlichen Teig für die Streusel beiseite und kühl stellen.

Die frischen oder tiefgekühlten Beeren auf dem ausgerollten Teig verteilen.

Den Backofen auf 160 °C (Umluft/Heißluft) vorheizen.

Für den Belag Schichtkäse, Zucker, Eier, Zitronensaft und -schale verrühren. Die flüssige Sahne (ungeschlagen) darunterziehen. Die Creme auf das Obst geben und gleichmäßig verstreichen.

Aus dem restlichen Teig die Streusel krümeln und auf die Quarkcreme geben, dann den Kuchen auf der mittleren Schiene im Ofen etwa 45 Minuten backen.

Klecks & Gloria

Anna Halemba ist von Buchstaben verzaubert

Anna Halemba fand ihre Berufung, als die Großeltern ihres Mannes sie baten, ein Schild für ihr Gästehaus zu malen. Sie befasste sich mit alten bayrischen Schriften, lief durch Bad Wiessee, wo das Haus der Schwieger-Großeltern steht, und studierte die Hausnamen und die Schriftzüge an den Fassaden. Und sie stieß bei ihren Recherchen auf den Begriff »Handlettering«. Gemeint ist damit das »illustrative Gestalten von Buchstaben«. Anna Halemba sagt: »Das war eine totale Erleuchtung, zu sehen, dass es Menschen gibt, die sich professionell mit Schrift und Schriftkunst beschäftigen.« Sie kannte zwar die Kalligrafie, aber die akkuraten Buchstaben und die Perfektion dahinter schreckten sie stets ab: »Das hat mich sehr beeindruckt, aber nicht zu mir gepasst.« Schon als Kind malte Anna Halemba schöne Buchstaben, gestaltete Glückwunschkarten immer selbst, anstatt sie zu kaufen. Und wenn es später darum ging, eine Präsentation zu erstellen, war sie diejenige, die Folien und Plakate zeichnete.

Nach dem Abitur 2004 hätte Halemba gern etwas Kreatives studiert oder gelernt, Kommunikationsdesign oder Goldschmiedin vielleicht – aber getraut und erlaubt hat sie es sich nicht. So wurde es das duale Studium Tourismus-BWL. Gereist ist Anna Halemba schließlich immer schon gern, lebte als Au-Pair in England, absolvierte Praktika bei einem Reiseveranstalter in Brasilien und Argentinien, arbeitete nach dem Studium als Trainee in einer Bildungseinrichtung an der Algarve und in Lissabon in einem Hostel, begann dann als Projektmanagerin in der Marktforschung. Halemba arbeitete mehr als 40 Stunden die Woche, für Kreativität blieb keine Zeit.

Was aufregend klingt, beurteilt sie heute ganz nüchtern: »Rückblickend war diese Zeit des Reisens und Ausprobierens Orientierungslosigkeit.« Sie fühlte sich falsch in dem Beruf, ließ sich zur Coachin ausbilden – eine Zeit, in der sie selbst auch Antworten fand auf die Fragen: »Wer bin ich, was will ich?«. Sie coachte Schüler und Jugendliche, arbeitete als Mediaberaterin für ein Anzeigenblatt, und irgend-

---

KLECKS & GLORIA – HANDLETTERING MIT HERZ
Fürsaumstraße 11a • 82444 Schlehdorf
Tel. 0171/386 78 82 • www.klecksundgloria.de • Instagram @klecksundgloria
Termine nach Vereinbarung

wann, zwischen Angestelltendasein und Kindern, merkte sie, dass sie selbstbestimmt und freiberuflich arbeiten wollte. Nur in welchem Bereich, das war ihr nicht ganz klar – bis der Schilderauftrag aus Bad Wiessee kam.

Für das Schild wollte die gebürtige Grainauerin keine klassische alte bayrische Schrift verwenden. Schließlich wandelte sie eine traditionelle Frakturschrift etwas ab und malte »Haus Lingl« mit weißen Lackstiften auf braun lasiertes Holz. Sie begann sich in das Handlettering zu vertiefen. Kaufte Bücher, buchte einen Online-Kurs, sah sich Videos an und malte Buchstabe um Buchstabe. »Das war pure Begeisterung. Ich war erfüllt, das war einfach meins!« Weihnachten 2019 verschickte Anna Halemba die über 60 Weihnachtskarten der Familie mit kunstvoll verzierter persönlicher Anrede und schön gestalteten Kuverts: »Gleich was produzieren und verschenken – das ist mein Ansatz.« Nicht erst warten, bis die Kunst ausgereift und perfektioniert ist.

Sie stellte fest, dass Handlettering ein weites Feld ist: Man kann sich darauf spezialisieren, Tafeln zu beschriften oder Papier. Oder man fokussiert sich auf bestimmte Schriften oder auf Brushlettering, wo man Buchstaben mit dem Pinselstift (einem Brushpen) malt – eine Technik für Fortgeschrittene, weil Buchstaben anders aufgebaut werden müssen: Bei einer Abwärtsbewegung wird der Strich dick, bei der Aufwärtsbewegung dünn, auch die Stifthaltung ist wichtig.

Heutet gestaltet Anna Halemba »Tassen, Tafeln, Taufkarten«, schreibt Namenschilder

Handlettering ist ein weites Feld: Man kann sich auf das Beschriften von Tafeln spezialisieren oder auf Fenster, auf bestimmte Stifte oder Pinsel. Immer aber gilt: Nicht aus der Übung kommen – deshalb bietet Anna Halemba auch Kurse an.

und Kuverts für Hochzeiten, beschriftet Emaille-Tassen und Keramiken, malt mit wetterfesten Acrylstiften die Speisetafeln für Cafés oder beschreibt Glasfenster. Manchmal wird sie für Live-Events gebucht, etwa um vor Ort in Kaufhäusern individualisierte Poster und Geschenke zu gestalten. »Ich liebe den Kontakt mit den Kunden«, erzählt sie. Zu erfahren, warum jemand eine Karte, eine Einladung, ein Schild gestalten haben will.

Ihre Freude am Lettern gibt sie in Kursen weiter, etwa in Schlehdorf und an der Volkshochschule Garmisch, für Erwachsene, Jugendliche, ganze Familien. Und weil das Können nur durchs Üben kommt, bietet sie regelmäßig kostenlose CoLettering-Übungsabende an: Man trifft sich online oder vor Ort zum gemeinsamen Buchstabenmalen. Für ihre Kurse mietet sie sich im CoHaus Schlehdorf ein, im Kloster Schlehdorf, wo die WOGENO München, eine Genossenschaft für selbstverwaltetes, soziales und ökologisches Wohnen, Räume zum Woh-

Anna Halembas Tipp

Von Schlehdorf am Karpfsee vorbei zur Kreutalm wandern.

nen, Lernen und Arbeiten anbietet. In den Kursen zeigt Halemba eine Auswahl verschiedener Schriftvarianten, was man erreichen kann, wenn man die Mittellinie von Buchstaben verschiebt oder Schatten setzt. »Ich will in meinen Workshops Leichtigkeit vermitteln, nicht ewig Schwungübungen machen.« Gleich loslegen, ist ihr Motto, die Buchstaben müssen nicht perfekt sein: »Selbst wenn man das Gefühl hat, dass es klecksig ist: Es ist handgemacht, und das ist eine totale Wertschätzung, die man seinem Gegenüber entgegenbringt.« Und dann ist ein Hurra und ein Gloria erlaubt – deshalb ihr Firmenname *Klecks & Gloria*. Natürlich hübsch geschnörkelt, gekleckst und verziert und nicht so schnöde dahingedruckt.

147

Kramerladen

Für Hansi Heinritzi ist die Glentleiten ein Zuhause

Im Kaufmannsladen in Hansi Heinritzis Kindheit gab es papierene Dreieckstüten für Brausestangen, weiße Mäuse und Lakritzschnecken, es gab kleine Gläser mit Marmelade, Körbe und Blechspielzeug zu kaufen, es gab Kaffee und Gebäck. Nur, dass alles kein Spielzeug war, sondern echt. Heinritzi wurde gewissermaßen im Kramerladen des *Freilichtmuseums Glentleiten* groß: »Ich habe mehr Zeit meines Lebens hier verbracht als daheim.« Seit er zehn war, ging es in den Ferien und an Wochenenden regelmäßig auf die Glentleiten: Damals, 1996, hat seine Mutter, eine gelernte Hauswirtschafterin, den Kramerladen samt seinem Café gepachtet. Fremd war ihr das Haus nicht, schon als Jugendliche hatte sie dort jahrelang verkauft und Kaffee und Kuchen serviert. Als dann eine neue Pächterin gesucht wurde, gab sie eine Stunde vor Bewerbungsschluss ihr Angebot ab, erhielt den Zuschlag. Und stellte damit die Weichen für das Leben ihres Sohnes.

Vermutlich kennen nur wenige die knapp siebzig historischen Gebäude des 1976 eröffneten Freilichtmuseums so gut wie Hansi Heinritzi sie kennt: die Töpferei, in der Krüge, Schüsseln und Teller gedreht werden, die Mühle, die Kapelle, den Getreidekasten, die Hammerschmiede. Er weiß, wann der Uhrmacher und der Lederhosenflicker kommen und ihr Handwerk zeigen, dass man einmal pro Woche beim Stoffdruck und Klöppeln zusehen kann und Seilerei und Sägewerk von Mitarbeitern des Museums am Laufen gehalten werden. Wenn der Gastronom die Ruhe genießen will, geht er rüber auf die Almwiesen, wo Murnau-Werdenfelser Rinder weiden, lässt den Blick schweifen auf den Kochelsee, mit dem Kloster Schlehdorf im Vordergrund und Benediktenwand, Jochberg, Herzogstand und Heimgarten rundherum.

Natürlich kennt Heinritzi auch die Geschichte des Kramerladens: Der Mesnerhof, in dem der Laden untergebracht ist, ist ein Wohnhaus aus Siegertsbrunn von 1796, das

---

KRAMERLADEN
An der Glentleiten 4 • 82439 Großweil
Tel. 08851/75 27 • www.kramerladen-glentleiten.de
Öffnungszeiten: Von Josefi bis Martini (19.3.–11.11.) geöffnet – im März, April,
Mai, Oktober und November: Di–So 10–17 Uhr;
Juni bis September täglich 9–18 Uhr

mit den Teilen von zwei anderen Höfen kombiniert wurde. Wo ursprünglich Schlafzimmer und Speisekammer des Mesnerhofs waren, werden jetzt Kaffee, Kuchen und Kunsthandwerk verkauft: handgestrickte Socken, Seifen aus einer Manufaktur aus dem Salzburger Land, Spielzeugkreisel. 700 Artikel auf gerade mal 25 Quadratmetern. Ein buntes Sammelsurium wie früher, als die Bauern beim Kramer Zucker, Gewürze, Werkzeug und Kurzwaren holten.

Gegenüber, wo einst die Wohnstube war, liegt die Gaststube mit 28 Plätzen. (Wer am ersten Samstag im Monat zum langen Frühstück kommen möchte, sollte unbedingt reservieren!) Das Interieur, Kanapee und Kachelofen, sind Rekonstruktionen von Möbeln aus der Zeit um 1910. Im ersten Stock gibt es eine Korbausstellung, wo handgearbeitete Korbwaren verkauft werden. Im Backhaus neben dem *Kramerladen* schürt die *Bäckerei Luidl* aus Großweil von Mai bis Oktober jeden Donnerstag den Holzofen und verkauft die Brote noch warm und kross vom Ofen weg.

Da also ist Hansi groß geworden. Und dann machte er nach der Schule eine Lehre als Maurer. Seine freie Zeit verbrachte er aber weiterhin auf dem 40 Hektar großen Gelände des Freilichtmuseums. Er merkte, Maurer, das ist doch nicht das, wo er mit dem ganzen Herzen dabei ist. Der Kramerladen schon. Der Maurer ging bei seiner Mutter in die Lehre und machte eine Ausbildung zur Fachkraft im Gastgewerbe. Seine Praktika absolvierte er in der Küche des Olympiaturms in München, im

Den *Kramerladen* kennt Hansi Heinritzi seit seiner Kindheit. Er ist in einem Wohnhaus von 1796 untergebracht: Wo heute Kuchen und Süßigkeiten verkauft werden, waren früher Schlafzimmer und Speisekammer. In der einstigen Wohnstube ist die Gaststube.

Housekeeping des Murnauer *Alpenhofs*, im Winter war er auf Skihütten in Österreich. Denn die Glentleiten ist ein Saisonbetrieb, geöffnet ist von Josefi bis Martini, also vom 19. März bis zum 11. November.

Heinritzi führte den Laden zunächst zusammen mit seiner Mutter, seit 2016 ist er alleiniger Pächter. Die Familie erweiterte nach und nach das Sortiment. In den Regalen stehen jetzt selbst gemachte Marmeladen, etwa Erdbeer-Holler oder Zwetschge, Gelees und Sirupe wie rotes Traubengelee oder Himbeer- und Zitronenmelisse-Sirup für die hausgemachten Schorlen. Oft kochen Heinritzis Mitarbeiterinnen den Holler, die Äpfel, Birnen und die Zwetschgen ein, die auf dem Gelände wachsen. Im Frühjahr steht Giersch-Limo auf der Karte, im Sommer Hollerkücherl, im Herbst Apfelkücherl. Jeden Tag backen eine Konditorin und drei Hauswirtschafterinnen Schmalzgebäck wie Auszogne oder Topfenstriezel, Kuchen, verschiedene Strudel und Scheiterhaufen. Nicht nur das Café ist in Hansi Hein-

Hansi Heinritzis Tipps

Zum Guglhör radeln oder wandern: Das ist ein Teil des Gestüts Schwaiganger, einer Hofstelle mit Gastronomie in den Hügeln zwischen Murnau und Habach, und in der Bergwirtschaft dort einkehren. Und im Winter: Christkindlmarkt auf der Glentleiten – »der schönste überhaupt«.

ritzis Hand, auch das Wirtshaus oben am Eingang betreibt er inzwischen und den Biergarten am Salettl weiter unten auf dem Gelände, einen Freisitz mit Kegelbahn. Seit ein paar Jahren hat er auch einen Cateringservice, er kümmert sich um Bewirtungen von Tagungen oder Hochzeiten – in der Umgebung oder direkt auf dem Gelände: Für Hochzeiten oder Geburtstagsfeiern kann man verschiedene der jahrhundertealten Höfe und Stadel mieten.

Wenn im Freilichtmuseum die Aktionstage und Feste des Jahres gefeiert werden, beim

Schaf-Tag mit der Prämierung seltener Rassen im April, am Obsttag im September, am Dresch-Tag am 3. Oktober und an Kirchweih, dann liegt stets der Duft von Frischgebackenem über weiten Teilen des Museums: Dann stehen überall auf dem Gelände mehrere Essens- und Getränkestände, für die Heinritzi zuständig ist. Im Michl-Hof und im Schiebl-Hof werden die Feuerstellen in den über 450 Jahre alten Küchen mit Buchenholz befeuert, ein Dreibein wird darüber gestellt, darin eine tiefe, gusseiserne Pfanne, und im Butterschmalz werden dann die Auszognen gebacken, wie schon vor Hunderten von Jahren. Dann steht Heinritzi selbst am Feuer und bereitet mit seiner Mutter und einer langjährigen Mitarbeiterin das Schmalzgebäck zu.

Mal eine halbe Stunde backen, das hat er schon als Kind gemacht, wenn seine Mutter schnell zwischendurch neuen Teig ansetzen musste. Aber den ganzen Tag am Feuer stehen: Da muss man wissen, wie es geht. Man muss es im Gefühl haben, ob man sofort ein Buchenscheit nachlegt oder noch ein paar Minuten wartet. Es gilt, die Temperatur konstant zu halten – anders als ein Ofen hat ein Feuer keinen Temperaturregler: »Den ganzen Tag die Qualität halten, ist eine Herausforderung.« Natürlich schmeckt Heinritzi den Unterschied zwischen Schmalzgebackenem aus der Fritteuse und dem, das über dem offenen Feuer gebacken wurde. Er isst es ja schon seit seiner Kindheit.

Übrigens: Brausestangerl gibt es hier immer noch in Dreieckstüten.

Ein richtiger Kramerladen hat so einiges im Angebot: neben Seifen auch selbst gemachte Sirupe und Schorlen. Die Früchte dafür wachsen auf dem 40 Hektar großen Gelände des Freilichtmuseums. Manche Gebäude kann man für private Feiern mieten.

Topfenstriezel

Nach diesem Rezept hat schon Hansi Heinritzis Uroma ihre Topfenstriezel gebacken. Sie gab es an ihre Enkelin, Heinritzis Mutter, mündlich weiter, und diese schrieb es dann auf.

Zutaten für
12 Portionen

Für den Teig

500 g Mehl (am besten 550er-Mehl)

50 g Zucker

1 Würfel Hefe

1 Prise Salz

150 g Quark

30 g Butter

1 Ei (Größe M)

Ca. 200 ml Milch

Alle Zutaten sollten Zimmertemperatur haben.

Zum Ausbacken

Butterschmalz (oder als günstigere Alternative Pflanzenfett)

Zum Dekorieren

Puder- oder Zimtzucker

Zubereitung

Mehl, Zucker, Hefe und Salz mit der Küchenmaschine oder einem Handrührgerät mit Knethaken miteinander vermengen.

Quark, Butter in kleinen Stückchen, Ei und Milch (Zimmertemperatur!) langsam dazu geben und verrühren, bis die gewünschte Konsistenz erreicht ist. (Sie sollte ähnlich wie bei einem Pizzateig sein.)

Den Teig auf eine mit Mehl bestäubte Arbeitsfläche geben und ca. 80 g schwere Stücke (für z. B. einen Kindergeburtstag auch kleiner) mit einem Teigschaber abstechen. Jedes Stück mit beiden Händen auf dem Tisch zu ca. 2–3 cm dicken Stangen ausrollen. Die ausgerollten Striezel auf ein gut bemehltes Backblech legen, mit einer Folie abdecken und etwa 30 Minuten ruhen lassen (ein Küchenhandtuch geht auch, da kann es aber sein, dass der Teig eine Haut bekommt). Die Fritteuse oder einen Topf mit Fett auf 170–180 °C erhitzen.

Wenn die Striezel ihr Volumen in etwa verdoppelt haben, gibt man sie in das heiße Fett und backt sie auf jeder Seite ca. 2–4 Minuten aus, bis sie eine schöne braune Farbe haben.

Die fertigen Striezel mit einem Lochschöpfer aus dem Fett nehmen und auf einem Abtropfgitter (oder einem mit Küchenpapier belegten Teller) etwas abkühlen lassen. (Wenn man ein Gitter mit Teller darunter verwendet, kann man das abgetropfte Fett wieder in die Fritteuse geben, beim Küchenpapier muss man das sehr teure Butterschmalz wegwerfen.) Nun noch mit Puderzucker bestreuen oder in Zimtzucker wälzen und heiß genießen.

Tipp von Hansi Heinritzi: »Man muss keine Angst vor Hefeteig haben, von wegen, er braucht konstante Wärme und muss ganz ruhig an einem Ort stehen!« Früher rührte seine Mutter den Hefeteig oft zu Hause an und fuhr ihn dann 30 Kilometer über Land von Polling nach Großweil. Und der Teig nahm ihr das nicht übel.

Noch mehr Begegnungen

KUNSTVEREINE & KULTURELLE EINRICHTUNGEN

Ausstellwerk-Huglfing e. V.

Weilheimer Straße 30
82386 Huglfing
www.ausstellwerk-huglfing.de
Der Kunst- und Kulturverein organisiert im alten Stellwerk und im Lagerschuppen des Bahnhofs Huglfing jährlich zwei bis drei Ausstellungen. Zusätzlich gibt es Vorträge zu kulturellen Themen und Lesungen. Alle zwei Jahre vergibt der Verein ein Kunst-Stipendium, die Stipendiaten wohnen einen Monat lang in Huglfing und zeigen am Ende ihre Werke.

Feuerrotes Kunstmobil
Malwerk Oberhausen

Alpenblickstraße 14
82386 Oberhausen
www.gerdlepic.net
Die Malschule des Künstlerpaars Gerd Lepic und Uta Schnuppe-Strack, das Malwerk Oberhausen, fährt im Sommer mit dem feuerroten Kunstmobil durchs Blaue Land und bietet Kindern und Jugendlichen von 3–17 Jahren kostenlose Kunstangebote, z. B. Acrylmalerei, Drucktechniken oder Bleistiftzeichnen.

Künstlervereinigung Murnau e. V.
Atelier »Tusculum«

Kohlgruber Straße 20
82418 Murnau
www.tusculum-murnau.de
In den Atelierräumen finden regelmäßig Mal- und Gestaltungskurse statt. Im Frühjahr (im Rahmen der Kulturwoche) und im Herbst gibt es im Kultur- und Tagungszentrum Murnau Gruppenausstellungen und im »Tusculum« jährlich mehrere Einzelausstellungen.

Kunststiftung Petra Benteler
im Blauen Land

Neu Egling 3
82418 Murnau
www.kunststiftung-petrabenteler.de
In den Sommermonaten lädt die Kunststiftung in Murnau zu besonderen Ausstellungen. Der Maler Ugo Dossi hat sein Atelier im selben Gebäude. Geöffnet ist freitags und samstags.

Kunstverein e. V.

Burggraben 4
82418 Murnau
www.kunstverein-murnau.de
Der Kunstverein zeigt in seiner »Galerie am Gabriele-Münter-Platz« zwölf Ausstellungen im Jahr, in der Regel zeitgenössische Kunst aus der Region.

KULTURELLE VERANSTALTUNGEN & SPAZIERGÄNGE

Kulturmeile

13 interessante Stationen aus dem Blauen Land sind in der »Kulturmeile« versammelt, etwa die Kaulbachvilla, das Schloßmuseum oder die Murnauer Fußgängerzone. Jeder Station ist eine Telefonnummer zugeordnet, unter der man Geschichten und Hintergründe zu den jeweiligen Sehenswürdigkeiten erfährt

(Für die Anrufe fallen die Gebühren für einen Festnetzanruf an).
www.dasblaueland.de/kulturmeile

Kulturwoche

Meist im Mai findet die Kulturwoche statt, die der Kulturbeirat und die Marktgemeinde Murnau in Zusammenarbeit mit der Touristeninformation organisieren. Ausstellungen, Konzerte und Lesungen stehen auf dem Programm. Alle zwei Jahre finden in diesem Rahmen die Ateliertage statt.
www.murnau.de/de/kulturwoche.html

Kunst im öffentlichen Raum

Bildende Künstler aus der Region zeigen in den Sommermonaten ihre Werke im Freien: direkt neben dem Münterhaus, im Kreisverkehr Richtung Bad Kohlgrub sowie im Park hinter dem Kultur- und Tagungszentrum.

Kunstspaziergang in Murnau

Kleine Rundwanderung ab dem Kultur- und Tagungszentrum Murnau: Der ca. 3 km lange Weg durch Murnau (ca. 1 Std.) führt zu den Originalmotiven der Künstlergruppe Blauer Reiter, u. a. auch zu Gabriele Münters Grab.
www.dasblaueland.de/tour/themenweg-kunstspaziergang-in-murnau-muenter-und-kandinsky-auf-der-spur

KunstWirte Murnau

Im Sommer (meist Juni–Oktober) steht Murnau im Zeichen der Aktion »KunstWirte«: Gasthäuser werden zu Ausstellungsräumen, es gibt Führungen und Verköstigung. Diese »KunstKulinarischen Reisen« können entweder zu Fuß oder per Bus zurückgelegt werden, je nach Tour.
www.kunstwirte.de

KÜNSTLERHÄUSER & KLEINE MUSEEN

Heimatmuseum Uffing

Hauptstraße 2
82449 Uffing am Staffelsee
www.uffing.de
Im Erdgeschoss des ehemaligen Feuerwehrhauses gibt es einen Raum, der in den Sommermonaten für zeitgenössische Kunst mit Bezug zum Ort reserviert ist. Meist sind die Künstlerinnen und Künstler anwesend.

Kaulbach-Villa

Von-Kaulbach-Straße 22
82441 Ohlstadt
www.ohlstadt.de/de/kaulbachvilla.html
Der Maler Friedrich August von Kaulbach ließ sich die Villa samt Atelier als Sommersitz bauen. Präsentiert werden auch ca. 50 Werke von Kaulbauch sowie Arbeiten von Franz von Lenbach und Olaf Gulbransson.

Münter-Haus

Kottmüllerallee 6
82418 Murnau
www.muenter-stiftung.de
Gabriele Münters Wohnhaus ist seit 1999 für Besucher zugänglich. In den Räumen stehen noch viele Möbel, die Gabriele Münter und Wassily Kandinsky bemalt haben.

Staffelseemuseum

Seestraße 1
82418 Seehausen am Staffelsee
www.staffelseemuseum.de
Das Museum zeigt die Geschichte der traditionellen Hinterglasmalerei, die in der Region verbreitet war. In einem separaten Raum gibt es Wechselausstellungen zeitgenössischer Künstler.

Register

Rezepte

Impressum

Verantwortlich: Lea Niesler
Idee und Konzeption: Angelika Dietrich
Lektorat: Anette Späth
Layout: Elke Mader
Repro: LUDWIG:media
Kartografie: Bruckmann Verlag, Heidi Schmalfuß
Herstellung: Bettina Schippel
Printed in Turkey by Elma Basim

★ ★ ★ ★ ★

Sind Sie mit diesem Titel zufrieden? Dann würden wir uns über Ihre Weiterempfehlung freuen. Erzählen Sie es im Freundeskreis, berichten Sie Ihrem Buchhändler oder bewerten Sie bei Onlinekauf. Und wenn Sie Kritik, Korrekturen oder Aktualisierungen haben, freuen wir uns über Ihre Nachricht an J. Berg Verlag, Postfach 40 02 09, D-80702 München oder per E-Mail an lektorat@verlagshaus.de.

Unser komplettes Programm finden Sie unter  www.j-berg-verlag.de

Alle Angaben dieses Werkes wurden von der Autorin sorgfältig recherchiert und auf den neuesten Stand gebracht sowie vom Verlag geprüft. Für die Richtigkeit der Angaben kann jedoch keine Haftung übernommen werden, weshalb die Nutzung auf eigene Gefahr erfolgt. Insbesondere bei GPS-Daten können Abweichungen nicht ausgeschlossen werden. Sollte dieses Werk Links auf Webseiten Dritter enthalten, so machen wir uns die Inhalte nicht zu eigen und übernehmen für die Inhalte keine Haftung.

In diesem Buch wird aus Gründen der besseren Lesbarkeit das generische Maskulinum verwendet. Weibliche und anderweitige Geschlechteridentitäten werden dabei ausdrücklich mitgemeint, soweit es für die Aussage erforderlich ist.

Empfehlung der Redaktion
Sie sind auf der Suche nach weiterführender Literatur? Dann empfehlen wir Ihnen unseren Titel »Cafés und Ateliers im Fünfseenland« von Angelika Dietrich und Angelika Röder. Oder Sie werfen einen Blick in den Titel »Hofläden und Manufakturen im Fünfseenland« von Angelika Dietrich und Louisa Marie Summer. Hier werden Sie bestimmt fündig.

Bildnachweis: Alle Bilder im Innenteil stammen von Angelika Röder.

Umschlagvorderseite: Großes Foto: Rebecca Nunn bei der Arbeit in ihrem Atelier (s. S. 8)
Kleines Foto: Köstlicher Zwetschgenstreusel-Kuchen aus dem Café hey Schaffner (s. S. 34)
Umschlagrückseite: Sonniges Plätzchen im Hofcafé KlosterGut Schlehdorf (s. S. 138)

Die Deutsche Nationalbibliothek verzeichnet diese Publikation in der Deutschen Nationalbibliografie; detaillierte bibliografische Daten sind im Internet über http://dnb.d-nb.de abrufbar.

© 2023 J. Berg Verlag in der
Bruckmann Verlag GmbH
Infanteriestraße 11a
80797 München

ISBN 978-3-86246-843-0